JN124008

一人で学べる

認知療法・マインドフルネス・潜在的価値抽出法ワークブック

生きづらさから豊かさをつむぎだす作法

竹田伸也 著　鳥取大学大学院医学系研究科臨床心理学講座教授
TAKEDA SHINYA

遠見書房

イラスト・カバー挿画　大塚美菜子

はじまりの章

こんにちは。

僕の本を初めて手に取っていただきましたか？　だとしたら，初めまして。竹田伸也といいます。どうぞよろしくお願いします。もし，以前に僕の本に触れていただいたことがある方でしたら，再びお会いできて嬉しいです。いずれにせよ，この本を手に取ってくださり，ありがとうございます。

たくさんある本のなかからこの本を取ったのには，あなたにしかわからない事情がきっとありますよね。でも，その事情がどのようなものであれ，根っこには「豊かな人生を送りたい」という気持ちがあるのだろうと思います。実は，僕もそう思う一人なのです。

豊かな人生を送るために，きっと力になってくれること。これが，僕がこれからあなたにお話ししたいことになります。この本のなかでは，人それぞれ異なる人生の豊かさをつむぎだすために，心理療法の一つである認知行動療法の考え方を援用します。認知行動療法がなにかを知らなくても，この本でお伝えしていることは，あなたに十分に理解していただけると思います。ちなみに，認知行動療法という言葉は，このあとほとんど出てきません。なので，それが何なのかを簡単にお伝えします。

認知とは，物事のとらえ方のことです。マイナス思考やプラス思考と言ったりするときの「思考」と同じ意味です。認知行動療法では，僕たちが生きづらくなるのは，認知と行動にその理由が隠れているかもしれないと考えます。そして，その生きづらさを解決するためにも，認知と行動に手がかりがあると考える。それが認知行動療法です。物事のとらえ方やふるまい方をどうにかすることで，僕たちの抱える問題を解決するアプローチとでも思っていただいたら結構です。

ところで，あなたは豊かな人生を送るには，そのための何か現実的な条件が必要だと思いますか？　裕福でなければダメ。健康な体でなければダメ。残された時間がたっぷりなければダメ。自分のことを理解してくれる人がいなければダメ。ほかには，どうでしょう。あなたがもし豊かな人生を送ることに高いハードルを感じているとすれば，それは何が必要だと考えているからでしょうか。

豊かな人生を送るために，そうした現実的な条件が必要なのであれば，僕がこの本で何を伝えようが，「そもそも，自分は豊かな人生を送る条件を備えていないので無理」という結論になってしまいます。

僕は，そんな一部の人にだけ開かれた話をしたくて，あなたに向き合っているわけではあ

りません。裕福であろうがなかろうが，病気や障がいを得ていたとしても，残された時間が
わずかだったとしても，そのほかあなたが「これだから無理」と思う条件が重なっていたと
しても，豊かな人生に向かうことはできる。これからお伝えする豊かな人生を送るための話
は，すべての人に開かれた話です。そんな話を，これからしてみたいと思っています。

　本書では，「気づきのワーク」と「メンタルストレッチ」という2種理の体験が用意され
ています。気づきのワークは，生きづらさから豊かさをつむぎだすために，あなたに気づい
ていただきたいことが収まったワークです。メンタルストレッチは，生きづらさから豊かさ
をつむぎだすために，あなたに身につけてもらいたい心の柔軟性を育むエクササイズです。
どちらも，簡単にできることですので，どうか存分に楽しんでください。

　さて，さっきから僕はあなたに話し言葉でお伝えしているのに気づいているかもしれませ
ん。この本で，僕は自分の口から言葉をつむぎ出し，心を込めてあなたにお話しするつもり
で，お伝えしたいことを表しています。ですので，あなたにも，この本を通して伝えようと
する僕の話を存分に聴いていただきたいと思います。

　それでは，話を先へ進めましょう。

もくじ

はじまりの章………3

1. 生きづらさの章

《1》最初の一歩 …………………………………………………… 8
ワンミニット・チャレンジ………8／心ここにあらずな日々………9

《2》認知的紐づけ編──マイナス思考の正体とは── …………… 10
考えとは言葉の産物………10／思い込みの持つ力………11／認知的紐づけとは？………13／マイナス思考と現実を紐づけるからつらくなる………15／二項対立も認知的紐づけ………18

《3》体験の回避編──何が生きづらさを引き寄せるのか── …… 21
幸福は行動の動機次第………21／避ければ避けるほど引き寄せてしまう………23／短期的にメリットがあっても長期的には………25／自分のことでふり返ってみると………27／どのような状態でも豊かな人生を志向できる………28

2. 心の柔軟性の章

《4》次の一歩 …………………………………………………… 32
プラス思考で幸せになれるか………32

《5》認知療法編──考え方の幅を広げる力の高め方── ………… 35
心の柔軟性とは………35／思考のバランスを取り戻す………37／マイナス思考のパワーをそぎ落とす………38／マイナス思考を見つめ直す問いかけ………39／簡単にできる認知療法的暮らし………41

《6》マインドフルネス編──今を存分に味わう力の育み方── … 48
考えないようにすることはできるか………48／闘いの土俵から降りる………49／マインドレスに暮らすと今がないがしろになる………51／マインドフルネスとは………52／マインドフルな心はすぐそこにある………54／認知の働きを変える………56／マインドフルのスイッチを押そう………58／マインドフルネスを始めるための準備運動………59／手ごたえのある感覚を用いたマインドフルネス………61／内的体験へのマインドフルネス………64／簡単にできるマインドフルネス的暮らし………69／マイナス思考と現実の紐づけを断ち切る………72／思考のトーン（声

色）を変える………74／心の柔軟性として２つの力を高めるワケ………75

3．価値にかなった暮らしの章

《7》さらなる一歩 ……………………………………………… 78

これまでをふり返ると………78／あなたはなにがしたいですか………78

《8》価値にそった行動編──豊かさに向かわせるもの── ……… 81

豊かさのキーワードとは………81／価値とは自分の大切にしたいこと………83／価値にそっているかぎり失敗はない………85／価値に掲げるとつらくなること………86／心と静かに向き合って価値を見つける………89／価値は人生の岐路で新たに生まれる………90／価値にそった行動を考えよう………91／価値にそった行動を存分に味わう………93／豊かな人生とは………95

《9》潜在的価値抽出法編
　　──マイナス思考の奥に秘められた価値を見出す──…………97

価値がうまく見つからないあなたへ………97／マイナス思考とは本当に"ただの言葉の産物"なのか………98／マイナス思考の奥には大切にしたい価値が秘められている………99／潜在的価値抽出法とは………100／マイナス思考の奥に潜む価値の見つけ方………101／価値にそった行動を広げよう………104

おわりの章………109

1．生きづらさの章

最初の一歩

ワンミニット・チャレンジ

お話を始めるまえに，ちょっとおもしろいことをしてみましょう。

あなたには，これから「あること」を試していただきます。やることは極めて単純なことですので，めんどくさがらずにチャレンジしてみてください。

そのあることとは，これから1分間，自分の呼吸に注目するということです。

あなたにしていただくことは，

〝あなたが一番呼吸を感じられる体の場所に意識を向けて，ひたすら呼吸に注目する〟

これだけです。

お腹に注目すると自分の呼吸を意識しやすい人はお腹に，鼻に注目した方がよさそうな人は鼻に，意識を向けてみてください。できれば，1分間きっちり試せるように，スマホでもなんでも，タイマーをセットしておくとよいでしょう。時計を見ながらだと，その都度意識が時計に逸れてしまいますので。

さて，準備はいいですか？　それでは，はじめてください。

…………

1分間試していただけたでしょうか。

そんなあなたにお尋ねします。

1分間，ただひたすら呼吸に注目することはできましたか？　途中で意識がほかに逸れたりしてはいませんでしたか？

　もしかすると，「自分は1分間きっちり呼吸に集中できた」という人もいるでしょう。でも，多くの人は，気がつけば別のことを考えていたり，周りの音や景色に気を取られていたり，何度も呼吸から意識が逸れていたのではないでしょうか。

心ここにあらずな日々

　このことから，あなたに何を伝えたいか。それは，「僕たちは，簡単に"心ここにあらず"な状態に陥りやすい」ということです。

　わずか1分間という短い間ですら，呼吸に注目することが難しい。それは，僕たちの心が勝手にウロウロとさまよってしまうということを表しています。つまり，"心ここにあらず"の状態になってしまうせいで，意識して"今"を味わっていないことが多いのが，僕たちの日常でもあるのです。

　だけど，よく考えてみると，「意識して"今"を味わっていない」というのは，実は僕たちにとって不都合なことも多いのです。だって，もし頭の中が，知らないうちに自分を傷つけることで満たされていたとしたら……。

　どうして私はダメなんだ。
　あいつだけいい思いしやがって，許せない！
　この病気は治らないから，もう自分はおしまいだ。
　あの人に悪く思われたかもしれない。
　この先いいことなんて何もない。
　あの人がいない人生なんて生きるに値しない。

　どれもマイナス思考です。マイナス思考は，知らないうちに頭の中に勝手に浮かんできては，僕たちを苦しめます。わざわざマイナス思考を率先して考えたい，なんて人はいないでしょう。

　あなたはきっと，"二度とない今"を，意図せずこうした営みに使いたくないと思うのです。

　では，どのような"今"を意図したいですか？　どのような"今"を味わいたいですか？

　そのためにできることこそ，僕たちが豊かな人生を送るために必要なことなのです。

　豊かな人生を送るために，なにをすればよいか。それを理解するために，まずは「生きづらさはなぜ生まれるか」という話をさせてください。

　僕たちが生きづらくなる理由。それを，考えと行動という2つの視点からひも解いてみようと思います。

《2》
認知的紐<ruby>紐<rt>ひも</rt></ruby>づけ編
——マイナス思考の正体とは——

考えとは言葉の産物

　まず，大昔の中国であった，こんな話を聞いてください。

　あるところに，年寄が住んでいました。その年寄が大切に育てていた馬が，ある日逃げてしまったのです。それを知った隣人は言いました。

　「それはまぁ，なんと不運なことだ！」

　すると，年寄はこう返しました。「そう思うかい？　でもな，幸運か不運かなんて，誰にもわかりゃしねえよ」

　数日後，逃げた馬が，数頭のそれはもう見事な野生馬を引き連れて戻ってきたのです。

　それを見た隣人は，年寄に言いました。

　「なんとまぁ，おめえさん幸運だね！」

　すると年寄はこう返しました。「そう思うかい？　でもな，幸運か不運かなんて，誰にもわかりゃしねえよ」

　次の日，年寄の息子が，その野生馬を調教しようとしたら，馬が暴れて落馬してしまい，脚を骨折したのです。

　それを知った隣人は言いました。

　「あんたも不運だねぇ」

　すると年寄はこう返しました。「そう思うかい？　でもな，幸運か不運かなんて，誰にもわかりゃしねえよ」

　その後，この辺りに住む若い男を徴兵して戦争に駆り出すために，軍の役人がやってきました。年寄のところにもやってきましたが，年寄の息子は脚を骨折していたので，徴兵されずにすみました。

　それを知った隣人は言いました。

　「あんたはほんと，幸運だねぇ」

　すると年寄はこう返しました。「そう思うかい？　でもな，幸運か不運かなんて，誰にもわかりゃしねえよ」

　これは，有名な故事“塞翁が馬”の元になった話です。
　「人生の幸不幸は予測できない」ということ以外に，この話が僕たちに教えてくれることは何だと思いますか？　それは，「考えとは，実際は頭が作り出した言葉の産物に過ぎない」ということです。つまり，年寄りの身に降りかかったことを，その都度「幸運だ」とか「不運だ」と考えた隣人の判断は，すべて現実を正しく反映していませんでした。このことからわかるように，考えそれ自体は現実ではない。そのことを，この話は僕たちに伝えてくれているのです。
　にもかかわらず，僕たちは考えと現実をすぐに結びつけてしまう。それが生きづらさをもたらすという話を，これからしてみようと思います。

思い込みの持つ力

気づきのワーク：テストに答える

　これから，あなたにはあるテストを受けていただきます。テストと聞いて思い浮かぶイメージ。「子どものころ，学校で受けたことのあるアレ？」そうです。そのアレです。
　さっき試していただいた呼吸の話と同様，こちらのテストも，これからの話を理解するために身につけてほしい情報がふんだんに盛り込まれていますので，めんどくさがらずに（僕が読者でも，「めんどくさいなぁ」と思いそうですが……）チャレンジしてみてくださいね。
　テストは，次のページに控えています。このテスト，できるだけ早く答えてください。頑張れば1分程度で答えられます。では，ページをめくったら，すぐに回答を始めてください。

問1．問題を全部読んでください。

問2．1に2を足すといくつ？

問3．『奥の細道』の作者は誰？

問4．四国4県をすべて答えてください。

問5．320から45を引くといくつ？

問6．室町時代の次は何時代？

問7．夏のオリンピックは冬のオリンピックの何年後に開催されますか？

問8．カレーにいれる食材を5つ挙げてください。

問9．歴代の総理大臣を10人挙げてください。

問10．「秋刀魚」はなんと読みますか？

問11．アルファベット「K」の前は何ですか？

問12．あなたは，「問題を全部読んでください」という問1の指示に従ってここまでたどり着きました。それでは，問2だけ回答してください。

　おつかれさまでした。どうでした？　1分程度で終えられたとしたら，それはとっても頭が柔軟な証です。

　でも，もしかしかすると，あなたは問1から順番に最後まで一つひとつの問題を考え，答えを出しながら進みはしなかったでしょうか。そして，問12にたどり着いた時点で，「やられたぁ！」と思ったはずです。

　そうです。このテストの回答は，問2に答えればよいだけですから，「3」と答えて終わりです。

　問題の始めから一つひとつ丁寧に回答しようとした人は，こう思ったはずです。「テストとは，すべての問題に答えるものだ」と。これって，思い込みですよね。

認知的紐づけとは？

　こんなふうに，僕たちは思い込みや決めつけで行動してしまうことがよくあります。こうしたことを，「認知的紐づけ」といいます。ここでの「認知」という言葉は，物事のとらえ方のこと，つまり考えやイメージを表すのだと思っておいてください。なので，認知的紐づけとは，本来ならいろんな見方ができる物事に対して1つの見方だけで理解しようとする態度のことをいいます。

　たとえば，次の考えをみてください。

　私はダメ人間だ。
　この職場は最悪だ。
　お先真っ暗だ。
　夫はうそつきだ。
　あのときもっとこうしておけばよかった。

　どの考えにも，ある共通点があります。それがなんだかわかりますか？

　いずれも，「マイナス思考」です。だけど，それだけではなく，あること（A）にネガティブな言葉（B）を紐づけて，そのネガティブな言葉（B）を通してあること（A）をみているという共通点があります。AとBを割り振ったらわかりやすいので，やってみますよ。

　私（A）はダメ人間だ（B）。
　この職場（A）は最悪だ（B）。
　お先（A）真っ暗だ（B）。
　夫（A）はうそつきだ（B）。
　あのとき（A）もっとこうしておけばよかった（B）。

　ここでAとして挙げたものって，Bだけで説明できるわけではないですよね。もちろん，今置かれた状況によっては，「いや，自分はダメ人間以外の何者でもない」とか，「この職場はほんと最悪なんです」としか思えないこともあるでしょう。

　でも，状況が変われば，あるいは見方を変えれば，それ以外のとらえ方もできると思うんです。

気づきのワーク：さまざまなとらえ方

　たとえば，今あなたが読んでいるこの本で試してみましょう。
　「この本は」のあとに続く言葉を，10個程度見つけてみてください。

```
この本は……
```

10個見つかりましたか？　回答例は，こんな感じです。

```
おもしろい（つまらない）
役に立ちそう（役に立たなそう）
高い（安い）
紙でできている
●●書店で買った
前に読んだ作者の本だ（初めて読む作者だ）
手触りがいい
豊かな人生について書かれていそうだ
昔自分が思い悩んだことを思い出すきっかけになった
まだこのさきにいろんなことが書かれている
```

　回答例もそうですが，いろんな角度からの「あとに続く言葉」があります。みなさんの回答例もさまざまでしょう。このことから何がわかるか。それは，僕たちの経験（自分を含む身の回りのこと）を1つの見方だけでとらえるなんて不可能だということです。

　こんなふうに，本来いろんなとらえ方ができるにもかかわらず，1つの見方にこだわってしまうことを，「認知的紐づけ」というのです。普段から，僕たちがよくやってしまうことです。いろいろなものの見方ができることが豊かな人生を送るためのコツです。
　また認知的紐づけとは，心の硬さでもあります。「この本は」のあとに，1つ2つしか言葉が思い浮かばなかったとしたら，それだけ心が硬くなっているということです。生きづらさを豊かさに変えるために必要な力の1つ。それは心の柔軟性です。心の柔軟性の育み方に

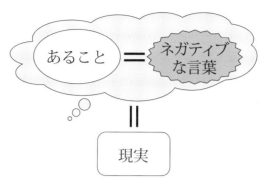

図1　マイナス思考の正体

ついては，２．心の柔軟性の章でたっぷりとお伝えします。

　けれども，認知的紐づけがすべて悪いというわけではありません。むしろ，認知的紐づけが役に立つ場面はたくさんあります。だって，あることを特定の言葉で理解することによって，概念が生まれるわけですから。今あなたが読んでいるのは，「本」です。「これは本である」という認知的紐づけがあるからこそ，話がスムーズに進む。「これは本かどうかわからない。もしかするとチャーハンかも」なんてことになったら，もうややこしくて話が先に進まなくなっちゃいます。世の中を言葉によって概念化するからこそ，共通理解のもと物事を効率的に処理することができるのです。

マイナス思考と現実を紐づけるからつらくなる

　でも，認知的紐づけが僕たちを苦しめる局面は，間違いなくあります。その１つが，マイナス思考です。マイナス思考が僕たちを苦しめる理由を，図で説明してみたいと思います。この図によって，マイナス思考の正体がはっきりわかります。ついでに，認知的紐づけとは何かもわかります。

　図1の上半分では，まず「あること」にネガティブな言葉を紐づけている，先ほどお話ししたことが示されています。これがマイナス思考の正体です。

　でも，本当ならマイナス思考それ自体は，実は痛くもかゆくもないんです。塞翁が馬の話を思い出してください。マイナス思考をはじめ，「考え」とは頭の中に浮かんだ言葉の産物に過ぎなかったですね。言葉の産物に過ぎないその考えたちは，目の前にある時計や鉛筆と同じなのです。産物である時計や鉛筆を眺めても，つらくなったり苦しくなったりしません。考えもそれと一緒。言葉の産物に過ぎないので，僕たちに害はないはずなんです。

　考えが言葉の産物に過ぎないというのがピンとこない人もいるでしょう。そのことをリアルに感じていただくために，ちょっとこんなことをしてみましょう。

・気づきのワーク：考えは言葉の産物

　　カレーライスを目の前にして，それが何であるかを頭の中で唱えてください。もちろん，「カレーライス」と唱えますね。では，そのカレーライスを食べるために必要なものを，頭の中で唱えてください。「スプーン」と唱えましたね。では，たった今頭の中で唱えた「スプーン」という言葉を使って，頭に浮かんだ「カレーライス」という言葉を実際に食べてみてください。

　　って，食べられるわけがない。そうなんです。考えは言葉の産物に過ぎないというのは，こういうことをいうのです。

　　では，しょせん言葉の産物に過ぎないマイナス思考が，なぜこうも僕たちを苦しめるのか。それは，マイナス思考と現実を紐づけてしまうからなんです。それが，図1の全体で伝えようとしていることです。

　　先ほど挙げたマイナス思考を，もう一度引っ張り出してみます。

私はダメ人間だ。
"私はダメ人間だ"という考えを通して私を見るから，自分が嫌になる。

この職場は最悪だ。
"この職場は最悪だ"という考えを通して職場を見るから，仕事を辞めたくなる。

お先真っ暗だ。
"お先真っ暗だ"という考えを通して将来を見るから，絶望する。

夫はうそつきだ。
"夫はうそつきだ"という考えを通して夫を見るから，夫を信じられなくなる。

あのときもっとこうしておけばよかった。
"あのときもっとこうしておけばよかった"という考えを通して過去をふり返るから，後悔する。

　　いずれも，言葉の産物に過ぎないマイナス思考を通して現実を見ている。つまり，マイナス思考というフィルター越しに現実をみているからつらくなる

のです。ちなみに，マイナス思考と現実を結びつけてしまうことも，認知的紐づけです。認知行動療法の新しい考え方として注目を集めているアクセプタンス＆コミットメント・セラピー（ACT）では，思考と現実を混同することを“認知的フュージョン”（Hayes et al., 2012）と呼び，生きづらさを強める特徴の一つとしています。

　図1を見るとおわかりいただけるように，認知的紐づけは2つあります。あることにネガティブな言葉を紐づけてしまうのがマイナス思考であり，1つ目の認知的紐づけです。そのマイナス思考と現実を紐づけてしまうのが，2つ目の認知的紐づけです。この2つの認知的紐づけによって，僕たちの生きづらさは生まれるのです。

　ちなみに，認知的紐づけは，いったんそれに捕まると，どんどんひどいことになるというやっかいな性質があります。先ほどのテストの話からもわかるように，認知的紐づけって，換言すれば「思い込み」でもあるわけです。僕たちは，いったん思い込んでしまうと，そこからなかなか抜け出せなくなってしまいます。

　たとえば，ある人が「ママ友にメールしたあと，返信がこない」という状況に置かれて不安になったとします。そのとき彼女は，こんなふうに思いました。

　　　　“私が何か気に障るようなことしたからかな”

　ちなみに，ここでの認知的紐づけを丁寧にみてみると，「ママ友から返信がない（A）のは，私が何か気に障るようなことをしたからかな（B）」となります。ママ友から返信がないのは，「メールに気づいていない」「家事の真っ最中で返信が打てない」「車を運転中でメールを見ていない」「特に返信をしなくても大丈夫だと思った」など，いろんな可能性が考えられるわけです。

　なのに，「私が何か気に障ることをしたからかな」と紐づけてしまった。そして，その「私が何か気に障るようなことをしたからかな」という考えを現実と紐づけた。つまり，その考えを鵜呑みにしたせいで，不安になってしまったわけです。

　そうすると，「そういえば，この間の一件で怒っているのかも……」と，新たなマイナス思考が浮かぶ。そして，「このまま，ママ友仲間から無視されるかもしれない」と続き，「そうなったら，子どももいじめられるかもしれないし，この地域で暮らしていけなくなる」……と，自分の頭の中でどんどん悲惨な思い込みが広がっていくのです。考え続ける限り，そこから抜け出すのは容易ではなくなります。

　これまで，悪い方向に考え込んでしまったときのことを思い出してみてください。いったん考え込んでしまったとき，そこから頭を切り替えることって，とっても難しかったと思うのです。僕も，これまで嫌というほど思い込みに苦しみました。それが，認知的紐づけの特徴です。とにかく，わざわざ自分が苦しくなるように，どんどん紐づけていってしまうのです。

二項対立も認知的紐づけ

　認知的紐づけは，近頃さまざまなところで問題を起こしているようにみえます。その1つが，「AかBか」という二項対立です。

　　　正しい　vs　間違い
　　　強い　vs　弱い
　　　善　vs　悪
　　　ポジティブ　vs　ネガティブ
　　　右　vs　左
　　　好き　vs　嫌い
　　　親○○　vs　反○○

　などなど，僕たちの身の回りにある二項対立は，挙げればきりがありません。
　この二項対立は，僕たち人間の営みにあまりなじまない。それを理解していただくために，これからこんなことをやってみましょう。

気づきのワーク：○か×か

　次に挙げる問いを読んで，そう思えば「○」を，そう思わなければ「×」をつけてみてください。必ずどちらかに振り分けてください。

> ・どんなときも，挨拶は大きな声で返したほうがよい（　　　）
>
> ・他人の前では，できるだけ弱音を吐くべきではない（　　　）
>
> ・人と話しているときに，かかってきた携帯電話に出るべきではない（　　　）
>
> ・人はどんなときでも前向きな態度でいたほうがよい（　　　）
>
> ・メールの返事は，できるだけ早く返したほうがよい（　　　）
>
> ・部下は上司の言うことは何でも素直に聞いたほうがよい（　　　）

　もし，周りの人に同じ質問ができれば，○か×で答えてもらってください。
　ちなみに，これらの問いに対する僕の答えはこうです。

> ・どんなときも，挨拶は大きな声で返したほうがよい（　○　）
>
> ・他人の前では，できるだけ弱音を吐くべきではない（　×　）
>
> ・人と話しているときに，かかってきた携帯電話に出るべきではない（　○　）
>
> ・人はどんなときでも前向きな態度でいたほうがよい（　×　）
>
> ・メールの返事は，できるだけ早く返したほうがよい（　○　）
>
> ・部下は上司の言うことは何でも素直に聞いたほうがよい（　×　）

　さて，あなたの答えと，周りの人や僕の答えを見比べてみてください。答えが一致した問いをいくつか見つけることができたと思います。

気づきのワーク：10点満点で評価する

　今度は，同じ問いに対して，その通りだと思えば10，その通りだと思わなければ0とし，10点から0点の間であなたの思いつきでよいので点数をつけてください。あまり深く考えずに，パッとつけてみてくださいね。

> ・どんなときも，挨拶は大きな声で返したほうがよい（　　　）
>
> ・他人の前では，できるだけ弱音を吐くべきではない（　　　）
>
> ・人と話しているときに，かかってきた携帯電話に出るべきではない（　　　）
>
> ・人はどんなときでも前向きな態度でいたほうがよい（　　　）
>
> ・メールの返事は，できるだけ早く返したほうがよい（　　　）
>
> ・部下は上司の言うことは何でも素直に聞いたほうがよい（　　　）

　先ほどと同じように，周りの人に同じ質問ができれば，10点満点で点数をつけてもらってください。

　ちなみに，これらの問いに対する僕の答えはこうです。

> ・どんなときも，挨拶は大きな声で返したほうがよい（　6　）
>
> ・他人の前では，できるだけ弱音を吐くべきではない（　1　）
>
> ・人と話しているときに，かかってきた携帯電話に出るべきではない（　5　）
>
> ・人はどんなときでも前向きな態度でいたほうがよい（　0　）
>
> ・メールの返事は，できるだけ早く返したほうがよい（　8　）
>
> ・部下は上司の言うことは何でも素直に聞いたほうがよい（　4　）

　さて，まずご自分の結果を，先ほどの「○か×か」と比べてみてください。○か×かで割り切ったものでも，点数化すると「どちらでもない間」をたくさん見つけたと思います。ましてや，それが他人と比べてみると，先ほどの「○か×か」と比べて，答えが同じ問いはかなり減ったのではないでしょうか。「○か×か」も，二項対立です。

　ここからもわかるように，僕たちの営みの中で，「AかBか」という二項対立で割り切れることは，本当に少ないのです。

　「AとBのどちらが正しいか」とか「どっちを支持するんだ」と詰め寄られると，息苦しくなる。それだけでなく，二項対立は人々の攻撃性を確実に高めます。だって，どちらにも理があるわけですから。

　価値観の異なる人々が，互いに相手の立場をののしりあう。こうして起こる社会的分断は，僕たちの社会を窮屈にすることはあっても，豊かにすることはないでしょう。「AかBか」というシンプルな問いの立て方は，確かにわかりやすい。でも，僕たち人間はそんなにシンプルではありません。

　豊かな人生に向かうために大切なこと。それは，あらゆることを二項対立でとらえようとしないということも含まれるのではないか。僕はそう思います。

　「相手の言っていることにも，幾ばくかの理がある」という態度を，自分の中に内面化しておく。「そもそも，人って自分も含めて日々変化して複雑なものなんだ」という前提を，自分の中に内面化しておく。そうするだけでも，余計な怒りや窮屈さから解放されて，豊かに暮らせると思うのです。

　ついでにいうと，二項対立は必ず減点思考をもたらします。だって，「AかBか」というのは「まったきA」か「まったきB」かという判断にほかなりませんから。完璧なAや完璧なBと比べてしまうと，当然のことながら「あれもダメ」「これもできていない」って減点されてしまう。でもそのせいで，自分を卑下したり，他人に腹を立てたりするのは，なんかもったいないですよね。だったら，最初からハードルを下げておいて，自分も他人も「よし」と思えるようにしておいた方が，よっぽど生きやすいのだろうと思います。

《3》

体験の回避編
──何が生きづらさを引き寄せるのか──

幸福は行動の動機次第

　僕たちが生きづらくなる理由を，先ほどまでは「考え」を通してひも解きました。

　ここからは，「行動」に焦点を当てて，生きづらさが生まれるワケを考えてみましょう。

　心理学者のスキナーは，人間の行動を維持する原理として強化という概念を唱え，2つの強化により行動は維持されると主張しました（Skinner, 1938）。このことから，僕たちの行動には2つの動機があると考えることができます。つまり，どちらかの動機によって，僕たちは行動しているわけです。

　2つの動機のうち1つ目は，「"好きなことに向かう"ために行動する」です。2つ目は，「"嫌なことを避ける"ために行動する」です（図2）。僕たちの行動は，必ずこの2つのうちのどちらかの動機によって起こります。たまに，どちらの動機も関わっていることもあります。今，あなたがこの本を読んでいるのだって，「豊かな人生を送りたいから」だと"好きなことに向かう"という動機になりますし，「生きづらさを少しでも解消したいから」だと"嫌なことを避ける"という動機になります。

　どちらも，行動するための十分な動機です。そして，どちらも大切な動機です。けれども，日常生活での主たる行動がどちらの動機かによって，僕たちの幸福感や充実感はまったく違ってくるのです。

　たとえば，勉強するのが楽しいと思えるのは，次のうちどちらですか？

・先生に叱られたくないから（嫌なことを避ける）
・知識を増やしたいから（好きなことに向かう）

どっちが楽しいって，もちろん「知識を増やした

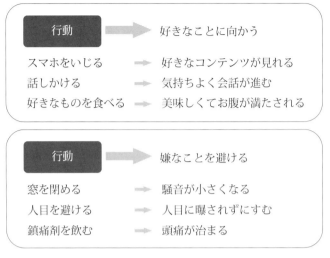

図2　行動の2つの動機

いから」の方ですよね。

　実は，「嫌なことを避けるために」という動機に偏ると，幸福感や充実感が損なわれるのです。だって，僕たちは何かを避けるために，この世に生まれてきたわけではないですから。

　うつ状態というつらい症状があります。気持ちはどんよりと落ち込み，体がだるくて何もする気が起きない。こうしたとき，頭をしっかりと休めることはとても大切です。ところが，何もしないことによって，うつ状態が余計にひどくなってしまうことがあります。

　うつ状態では，さっきも言ったように，気持ちが落ち込んで体もだるく，何もする気が起きなくなります。こうしたとき，僕だったら「こんな調子だと，とても外に出て何かをしようって気にはならない。横になって過ごそう」と考えると思います。つらい状態を避けようとして，そうするわけです。

　でも，実はこうした過ごし方が，場合によってはうつ状態を強めてしまうことがあるのです。なぜなら，何もせずに横になって過ごすと，何かをすることに伴う満足感や充実感が得られないからです。反対に，満足感や充実感が損なわれた時間を過ごすことによって，うつ状態はさらにひどくなってしまうのです。

　心の調子がよくないとき，何もしないでいるというのはあまりよくありません。なぜなら，何もしないというのは頭の中がフリーな状態になるわけですから，悪いことばっかり考えるようになるのです。“認知的紐づけ”に捕まってしまうわけです。

　悪いことを考えてしまったとき，あなたはどうやってそこから抜け出そうとしますか？　マイナス

思考が浮かんだら，「それを考えないようにしよう」とすることで乗り越えたりしないでしょうか。実は，そうした対処の仕方が，事態を余計に悪くしてしまうのです。

避ければ避けるほど引き寄せてしまう

　行動の動機は２つある。そして，「嫌なことを避ける」という動機に偏ってしまうと，心が満たされにくくなるという話をしました。

　誤解しないでいただきたいのは，「嫌なことを避ける」という動機がすべて悪いわけではありません。いじめっ子やパワハラ上司がいれば，まわりの協力を得てそうした人から遠ざかるというのは，心を守るために大切な動機になります。目の前から毒蛇が近づいてきたら，それを避けるために道を変えるのは当たり前です。嫌なことを避けるという動機は，僕たちの心や命を守る行動として大切な場合が少なくありません。

　でも，避けたい"嫌なこと"が自分自身の内面に関わること，たとえば不快な感情やネガティブな思考，嫌な記憶だとしたら，そうした体験を避けようとすればするほど，生きづらさはひどくなるのです。なぜなら，不快な感情や思考，記憶は，それを頭の中から取り除こうとすればするほど，逆に引き寄せてしまうからです。

　本当にそんなことになるのだろうかと思っている人もいるでしょう。残念ですが，必ずそうなります。そのことを理解していただくために，次のような場面を想像してみてください。

気づきのワーク：今にも落ちそうな吊り橋

　あなたは，とっても不安定な吊り橋の上にいます。橋を吊るしているロープは今にも切れそうで，足元の板は朽ちていて所々大きな隙間が空いている。橋から見下ろすと，そこには川の濁流がすごい勢いで流れています。あなたが吊り橋を渡り切るために，１つだけ方法があります。それは，「絶対に恐怖を感じずに渡り切る」ということ。少しでも恐怖を感じたら，それが身体のこわばりを強めてしまうので橋に余計な負荷がかかり，板が抜けたりロープが切れてしまったりして，あなたは真っ逆さまに濁流に落ちてしまうのです。あなたは，吊り橋を渡り切ることができるでしょうか
……？

　僕はムリです。すぐに落ちてしまうでしょう。きっと，こんな吊り橋，誰も渡り切れないと思います。だって，「怖くない」と思えば思うほど，余計に怖くなるからです。

　こんなふうに，恐怖，不安，怒り，嫉妬，憎しみのような不快な感情は，それを感じないようにすればするほどますます感じてしまうようになる。マイナス思考や嫌

な記憶についても同じで，考えないようにすればするほど，ますます考えや記憶に囚われてしまうのです。嘘だと思うなら，これまであなたがマイナス思考や嫌な記憶，不快な感情に囚われたときのことを思い出してください。それを取り除くためにしてきたことのうち，一度でもうまくいったことはあったでしょうか。もしかすると，「その瞬間はうまくいった」と思えるようなこともあったかもしれません。でも，長い目でみて，そのときの対処は本当にうまくいったといえるでしょうか。そのせいで，失ったものはなかったでしょうか。

　きっと，マイナス思考や嫌な記憶，感情といった内的体験を取り除こうとしても，結局のところそれを取り除けなかったどころか，ますますそれらが気になりだしたと思うのです。

　ここからいえることは何か。それは，「不快な内的体験を避けようとすると，逆にそれを引き寄せることになる」ということです。このことは，豊かな人生を送るためにとても大切な法則になりますから，ぜひ心の隅っこにでも引っかけておいてください。

　この，「不快な内的体験を避けようとする」ことを，"体験の回避"といいます。そして，この体験の回避が，生きづらさをもたらす2つ目の理由となるのです。認知行動療法では，嫌なことを避けるためにする行動の一部が，問題や生きづらさを維持していることを強調してきました。ヘイズらは，マイナス思考や嫌な感情などの内的体験を避けることも生きづらさを強めると主張し，そうした回避を"体験の回避"と命名したのです（Hayes et al., 2012）。

　不快な内的体験を避けようとすればするほど，逆にそれを引き寄せることになる。これはつまり，避ければ避けるほど，その避けたかった不快な体験が強まるということです。

　たとえば，ゴキブリが苦手な人って多いと思います。ゴキブリを見たら「気持ちわるぅ」と思って避ける（この場合，退治するという行動も「排除する」わけですから，避けると同じだと考えてください）。ゴキブリを避ければ避けるほど，「私，ゴキちゃんがとっても愛しくなって，今ではこんなふうに手の中でにぎにぎと握ることができちゃうんです！」なんてことは，絶対にありえないですよね。避ければ避けるほど苦手意識は強まるので，ますますゴキブリが苦手になっているはずです。

　体験の回避が，悪循環をもたらして生きづらさを強める。このことを教えてくれるある事例を紹介しましょう。

・ジェシカさんの場合

　ジェシカさんは，高校生のころから，虚無感に悩まされていました。とにかくむなしくなるのです。彼女は，虚無感が強まると手首を切ってしのいでいました（こうした対処を，リストカットとよびます）。そのうち，外出すると人目が気になるようになってしまいました。そのため，外出する際には，顔を見られないようにマスクをつけて出かけるようにしたのです。

　高校を卒業したジェシカさんは，働く自信が持てずに就職ををせずにいました。外出して

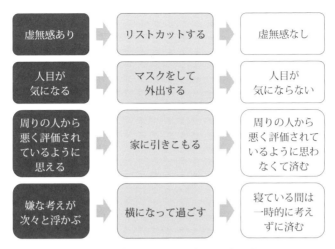

図3　ジェシカさんに起こったこと

いると，周りの人から悪く評価されているように思えてしまい，そのうち家にひきこもるようになりました。家にいても頭の中では嫌な考えが次々と浮かぶので，考えないようにするために寝て過ごします。でも，そうするとむなしさがひどくなり，ますますリストカットに手を染めるようになってしまいました。

　ジェシカさんに起こったことを図で示すと，次のようになります（図3）。不快な内的体験を，いろんなことを試しながら避けようとしているのがわかります。図3を見ると，体験の回避が連鎖的に続いているのがわかりますね。「不快な内的体験を避けようとすると，逆にそれを引き寄せることになる」という法則を思い出してください。体験の回避によって，避けたかった不快な体験を結果として引き寄せてしまう。それに対して再び体験の回避を実行する。こうしたことを繰り返しているうちに，それ以外の対処が考えられなくなる。体験の回避は，僕たちのふるまいだけでなく，心もどんどん硬くしてしまうという性質を備えているのです。

　ジェシカさんの話から，体験の回避が生きづらさを強めてしまうことがおわかりいただけたかと思います。

短期的にメリットがあっても長期的には

　体験の回避は，僕たちを生きづらくさせる。なのになぜ，僕たちは体験の回避から足を洗うことができないのでしょう。

　それは，体験の回避は「短期的にはうまくいっている（ように見える）」からです。

　たとえば，次のような場面を想像してください。

　子ども時代にタイムスリップしましょう。あなたは，人前で発表するのがとっても苦手な

子どもだと仮定します。

　授業中，先生が「この問題を，みんなの前で解いてもらおう。誰に当てようかな……」と言って教室を見渡します。あなたはとっさに目を伏せます。先生は，あなた以外の生徒に当てました。

　このときのあなたの気持ちは，「緊張する」と「ホッとする」どっちでしょう。

　もちろん，「ホッとする」でしょう。こんなふうに，嫌なことを避けると，その瞬間だけは安心できるのです。これが，体験の回避を僕たちがつい使ってしまう理由です。

　さて，授業中また同じように先生が誰かに当てようとしたら，あなたはどんな行動をとるでしょう。きっと，再び目を伏せようとするはずです。

　でも，こんなことが続いて，人前で発表することの苦手意識は今後どうなるでしょう。軽くなる……なんてことはありえません。目を伏せてみんなの前で発表する機会を回避している限り，人前で発表することの恐怖は，ますますひどくなるばかりです。

　以上のことからもわかるように，体験の回避は短期的にはメリットをもたらしているようにみえますが，長期的にはデメリットをもたらします。そして，それが生きづらさを助長するのです。

　こうしてみると，僕たちが行う対処のうち，短期的にはメリットをもたらしても，長期的にはデメリットとなるようなものは，心の健康には不適切なことが多いと思って間違いなさそうです。

　とはいえ，嫌なことに出くわしたときに，何かをやってみてその場をしのぐことができたように思うと，次に似たような場面で僕たちは同じ手を使おうとします。

　朝三暮四という故事があります。これまで，朝に4つ，晩に4つ餌をもらえていたサルたちがいました。ところが，その調子で餌を与えることが難しくなった飼い主は，朝に3つ，晩に4つの餌を与えようとサルたちに言った。それを聞いて怒ったサルたちに，「では，朝に4つ，晩に3つ餌を与えよう」と提案し直すと，サルたちは喜んだ。

　目先の利益に目が向きすぎてしまい，全体を見損なうことへの戒めとして語られるこの故事は，僕たちが困難をどう乗り越えればよいかについても，貴重な示唆を届けてくれます。

　困難を乗り切るために大切な心の態度（マインドセット）は，まずは「慌てない」ということです。もちろん，「そこまでして早く苦しみから逃れたい」という気持ちから，そうなってしまうのはその通りだと思います。偉そうに言う僕自身も，これまで何度も「その場しのぎ」の対処をしたために，長い目でみたら自分の首を絞めるようなことをしてきました。

　だから，僕はあなたに「目先のことばかり見ずに長い目でみて対処しましょう」なんてことは言えませんし，言うつもりもありません。

　それを続けていると，事態がどんどん悪くなる。ここで大事なことは，「それを続ける力が僕たちにはある」ということです。だとしたら，「続ける力」を生きづらさを助長する「それ」から違うことにシフトしてあげればよいのではないでしょうか。

こういうと驚く人もいるかもしれませんが，どんなに事態が悪くなっても，それに対して僕たちは自分なりの対処を行っているんです。対処する力は持っているけれど，それを向ける方向がただ違っていただけなんです。

これまで，体験の回避を続けてきたために，生きづらくなっていた。だとしたら，体験の回避を続けてきた力を，それとは違う方向に向けてみればいいんです。

違う方向とはどこか。という話は，3．価値にかなった暮らしの章でじっくりとお伝えしますので，楽しみにしていてくださいね。

自分のことでふり返ってみると

生きづらさがなぜ起こるかという話は，以上でおしまいです。

ここまでの話を整理しておきましょう。生きづらさの主な理由は次のようなことでした。

①認知的紐づけによる。あることにネガティブな言葉を紐づける（これがマイナス思考でした）。そして，そのマイナス思考と現実を紐づける。

②体験の回避による。不快な内的体験を避けようとすればするほど，逆に引き寄せてしまう。その結果，ますますつらくなる。

生きづらさの理由を，考えと行動を通してひも解くと，このような話になります。もちろん，これ以外にも生きづらさの原因はいろいろあるでしょう。

でも，僕たちが抱える苦悩の源泉は，行き着くところはここなのです。これは，言葉と時間という概念を手に入れた人間だからこその話です。言葉を持っているからこそ，いろんなことにネガティブな言葉を結びつけることができる。次から次へと，思いを深めていくことができるのです。そして，時間の概念を持っているからこそ，将来を想像して不安になったり，過去をふり返って後悔したりすることができる。他の動物には，こんな苦悩なんかできっこありません。

僕は，マイナス思考で思い悩んでしまうことや，そうしたつらさを避けようとしてしまうことが，実は悪いとは思っていません。だって，それ自体とても人間的な営みだからです。そう考えたり，そうふるまったりしたのも，きっと一理あると思うのです。

ちょうどこのあたりの話を執筆しているときに，クリニックに行って健康診断のつもりで検査を受けてみたら，所見が見つかりました。僕は，期間をあけてもう一度検査を受けることになったのです。

さぁ，そこから僕はどう考えたか。"悪い病気だったらどうしよう"と心配になり，インターネット検索が始まりました。こんなときにインターネット検索をしたことがある人はわかると思いますが，もうほんと，怖いことばっかり書いているんです。

　そうしたら，気持ちは嫌でも悪い方に盛り上がる。"こんなことになって，あんなことになったらどうしよう"と，それはもうわかりやすい認知的紐づけが進んでいきました。こんなことやあんなことは，もちろんかなり悲惨な状態です。

　認知行動療法を専門にする僕も，こんなもんです（笑）。僕もよく，クヨクヨと悩みます。悪く考えるなと言ったって考える。僕は，それでいいんだと思います。

　これまでの話をよく読んでいただくとわかったと思いますが，僕は一言も「認知的紐づけをやめよう」とか「体験の回避とサヨナラしよう」とは書いていません。

　そうしたメッセージは，二項対立です。

「認知的紐づけを続ける　vs　認知的紐づけをやめる」
「体験の回避を続ける　vs　体験の回避をやめる」

　こうした二項対立は，それ自体認知的紐づけであり，僕たち人間の営みになじまないという話を思い出してください。

　生きづらさから解放されるために「認知的紐づけをする自分」から「認知的紐づけをしない自分」に変わろうとするのは，二項対立のロジックから足を洗えていないということです。そんなことをしている限り，生きづらさから逃れられない。

　僕は，そうした人間らしい営みを，全否定しなくてもよいと思うのです。苦悩するからこそもたらされる人生の深みが，僕たち人間にはあるような気がします。

　ただ，その生きづらさがあなたの生活に大きな支障をもたらしているとしたら，それと折り合いをつける術はある。あなたが，自分の生きづらさに注目するのではなく，豊かな人生に注目したいなら，その術はある。そうしたことを，僕はあなたにお伝えしたいのです。

どのような状態でも豊かな人生を志向できる

　さて，生きづらさのワケをひも解く話は，そろそろ終わりにしたいと思います。最後に1つだけ，あなたにお伝えしたいことがあります。

　それは，「どのような状態でも，人は豊かな人生を志向できる」ということです。お金が十分にないとダメ。健康でなければダメ。そんなことだと，豊かな人生を送れるのは，ある一定の条件を備えた人物だけってことになってしまいます。

　この本で伝えたいことは，誰にも開かれた話です。

　人間はどのような状態であっても，豊かな人生を送ることはできます。

　たとえば，健康は幸福の条件である，みたいな言説を一度は聞いたことがあると思います。それだと，病気や障がいを得ると，豊かに暮らすことは難しくなるという話になります。でも，それは違うでしょう。

　手前みそで大変恐縮なのですが，遠方にいる僕の母の話をさせてください。母は，中年期の真っただ中にいるときに，ある難病を患いました。それから，少しずつその病は進んでいきました。治療の経過中に他の病気も患い，それにより長く抗がん剤治療も行っていました。その副作用と本来の病の進行により，体中の骨は変形し，歩くことも，手を使って何かをすることもままならなくなりました。眠っている間以外絶え間なく強い痛みを感じているようです。母がこれまでしたかったことは，病気が制限してしまい，多くができずじまいです。あまり弱音を吐かない母ですが，きっと身の置き所もないほどつらいときもあるだろうと思います。

　ところが，母は今豊かな人生を送っているようなのです。なぜそんなことがわかるか。豊かさが漂ってくるのです。あなたの周りにもいないでしょうか。過酷な状態だと思うのに，本人から豊かさが漂ってくる，そんな人が。

　この話をすると，僕はこれまで出会ったさまざまな人を想い出します。寝たきりとなったある人は，とても豊かな人生を送っていました。末期がんで余命いくばくもないある人は，とても豊かな人生を送っていました。もちろん，僕がその方々をみて，「豊かだ」と判断したわけではありません。お茶屋さんの前を通ると，お茶の良い香りが漂ってくる。コーヒーショップの前を通ると，コーヒーのとても深い香りが漂ってくる。お茶やコーヒーが苦手でしたら，お香でも焼き肉でもなんでも構いません。とにかく，こちらが感じなくても向こうから自然と漂ってくるいい香りってありますよね。そんなふうに，その方々から豊かさが漂ってくるのです。

　では，どのような状態であっても，豊かな人生を志向するにはどうすればよいか。これまで僕が見てきた「豊かさが漂ってくる人」には，ある共通点がありました。その共通点こそ，僕がこの本の中であなたにしっかりと伝えたいことなのです。そのことも含め，次から豊かな人生に向かうための話を深めていきたいと思います。

2．心の柔軟性の章

《4》

次の一歩

プラス思考で幸せになれるか

1．生きづらさの章では，生きづらさを生み出すワケを，考えと行動という2つの視点から読み解きました。豊かな人生を送るためにできることは何か。それについても，考えと行動の2つの視点から話を深めていきたいと思います。

「考えと行動の2つだけで，豊かな人生が送れるはずはない」と思った人がいたとしたら，それって何だったかを思い出してください。認知的紐づけでしたね。でも，もしそう思ったとしても，急いでその思いを改める必要はありません。

僕は，あなたと一緒に"ムリせず"豊かな人生を送る道を探っていきたいのです。

まず，「考え」を通して豊かな人生に向かうための話から始めてみましょう。

認知的紐づけには，2つの紐づけがありました。

あることにネガティブな言葉を紐づける。これがマイナス思考でした。

もう1つは，そのマイナス思考と現実を紐づける。これが，生きづらさをもたらすのでしたね。

マイナス思考をなんとかするために，よく使われるロジックは「プラス思考でいこう！」です。あなたも，マイナス思考でクヨクヨしたときに，プラス思考で乗り越えようとした経験が何度かあるのではないでしょうか。

あなたにお尋ねします。

これまで，マイナス思考でクヨクヨしてしまったとき，本当にプラス思考を見つけ出すことができましたか？　見つけられたとして，本当にそれで気持ちは晴れましたか？

もちろん，プラス思考でつらい局面を乗り越えた人もいるでしょう。でも，マイナス思考で苦しんでいるとき，プラス思考はあまり役には立ちません。

次の考えをみてください。

　わたしは，いつも失敗続きの最低の人間だ……

　わたし（A）に，いつも失敗続きの最低の人間だ（B）というネガティブな言葉が紐づいている。恐ろしいほどのマイナス思考ですね。こんな考えが頭の中に絶えず浮かんでいたら，それは本当にきついことでしょう。

　この考えを，プラス思考にひっくり返すと，こんな感じになります。

　わたしは，なんでもできる最高の人間だ！

　おぉ！　まぶしいほどのプラス思考。

　では，さっきのマイナス思考でクヨクヨしていた人が，この考えによって心は晴れるでしょうか？

　もちろん，晴れっこありません。だって，こんなプラス思考を見つけたところで，とても心の中で納得できないですから。

　このプラス思考，よくみてください。さっきのマイナス思考と共通点があります。このプラス思考も，さっきのマイナス思考も，本質は同じなのです。それがどこだか考えてみてください。

　その共通点とは，"認知的紐づけをしている"ということです。

　わたし（A）に，なんでもできる最高の人間だ（B）というポジティブな言葉が紐づいている。そうなんです。プラス思考も，認知的紐づけなんです。

　プラス思考を見つけてみても，僕たちの心を軽くはしてくれないし，幸せにしてくれない。そのワケは，プラス思考も認知的紐づけであるため，極端すぎて心の中で納得できないからなのです。

　でも，これって不思議だと思いませんか？　プラス思考は「極端だ」と鵜呑みにしないのに，マイナス思考はそうはならない。マイナス思考も，認知的紐づけなので極端なわけです。だったら，プラス思考と同じように「そうは言ったって……」と鵜呑みにしなければよいはずですよね。

　ところが，マイナス思考については，それがどんなに極端でも何の疑問もはさまず飛びついてしまう。他人のマイナス思考だと，「考えすぎだわ」って思えるんです。つまり，他人のマイナス思考だと，その極端さが客観的にみえる。でも，それが自分のことになってしまうとそうは思えないのが，僕たち人間なのです。

　プラス思考ではなく，マイナス思考を鵜呑みにしやすいのは，僕たち人間が生き残るための知恵だったと思われます。

　たとえば，「コップの水が半分ある状態を，あなたはどう考えますか？」という，マイナス思考の戒めやプラス思考の勧めによく使われる話があります。

"もう半分しかない"とネガティブに考えるとつらくなる。それが，"まだ半分もある"とポジティブに考えると気楽になる。この話を聞いたことのある人は，「確かにそうだ」と思ったかもしれません。

でもですよ。今置かれた状況が，雨がまったく降らずに水不足が続いて，飲用水が絶対的に不足しているような状況だとどうでしょう。

"まだ半分もある"と気楽に考えて一気に飲んでしまったら，そのあと水分をとることができずに倒れてしまいます。

こういう局面では，"もう半分しかない"とネガティブに考えてチビチビ飲んだ方が，生き長らえることができます。

現代のように食べたいものを食べたいときに食べ，飲みたいものを飲みたいときに飲む。そうした過ごし方が困難な時代の人々にとっては，ネガティブに考えることが生存戦略として適していたはずです。

なので，ネガティブに考えることがすべて悪いというわけではないのだろうと思うんです。ネガティブに考えたからこそ助かった。そうした局面が，僕たちの人生には必ずあるでしょう。

でも，ライオンに襲われる心配のない僕たちが，"ライオンに襲われて，死んだらどうしよう"と考えなくてもよいのです。何が言いたいかというと，不必要なマイナス思考に振り回される必要はないということです。

とくに，マイナス思考が人との関係の中で生じると，認知的紐づけによってどんどん破局的な思い込みにはまってしまうことになる。「こんなことをして，相手は気を悪くしないだろうか」とか「あんな態度をとるなんて，私のことをバカにしている」とか考えてしまうと，悪い考えはますますエスカレートする。こうしたことを，あなたもこれまで何度も経験したと思います。人との関係とは，"自分との関係"も含まれます。自分の価値やら健康やらで，「私なんて価値がない」とか「悪い病気だったら，もうおしまいだ」と考えたりする。そうすると，どこまでも自分をつらくする考えが続いてしまいます。

そこから自由になる力があるとすれば，それを身につけたいと思いませんか？

これまで，マイナス思考にさんざん苦しめられてきた人は，「そんな力なんてあるわけない」と思うかもしれません。でもあるんです。

それが，「心の柔軟性」です。心の柔軟性は，2つの方法によって育むことができます。まず，1つ目の方法から紹介しましょう。

《5》

認知療法編
──考え方の幅を広げる力の高め方──

心の柔軟性とは

　心の柔軟性とは何か。それを理解するために，その反対を考えてみましょう。そうすると，心の柔軟性とは何かがよくわかります。

　心の柔軟性の反対は，心の硬さです。僕たちが，日常よく使う「頭が硬いなぁ」という表現と，ほぼ内容は同じです。といえば，あなたも「心の硬さ」がなんとなくイメージできるのではないでしょうか。

　1．生きづらさの章で紹介した図をもう一度見ていただきましょう（図4）。

　あることにネガティブな言葉を紐づける。マイナス思考の正体でしたね。もちろん，あることはその言葉以外の言葉を通してとらえることができます。にもかかわらず，あることをネガティブな言葉以外でとらえることが難しくなる。これが，心の硬さです。ようするに，思い込みが強すぎて，それ以外の考えを採用することができない状態です。

気づきのワーク：箸の使い方

　あなたの心の柔軟性がどの程度か，ひとつみてみましょう。

　食事のときに使う箸。これって，何に使う道具ですか？

　何に使うって，そりゃ「食べ物を食べる道具」に決まってます。

　箸（A）は，食べ物を食べる道具である（B）というわけです。これが認知的紐づけでした。

　では，「食べ物を食べる」以外の箸の用途を考えてみてください。制限時間を1分間としておきましょう。その間にできるだけたくさん挙げてみてくださいね。

　では，考えてください。

さて，いくつ挙がりましたか？

5個以上見つかったら，かなり心が柔らかいと自信を持っていただいていいと思います。

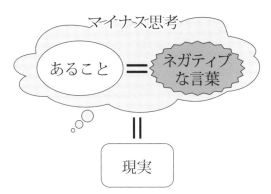

図4　マイナス思考の正体はあることにネガティブな言葉を紐づけること

　1個も見つからなかったとしたら，それはかなり心が硬い状態です。

　僕は次のような用途を思いつきました。と，偉そうに言いましたが，もちろん1分間でこんなにたくさん思いついたわけではありません。かなり時間をかけてひねり出しました。中には，他人に尋ねて教えてもらったアイデアも含まれています。

調理に用いる。
太鼓（ドラム）のバチとして使う。
ダーツの矢として遊ぶ。
背中の痒いところをかく。
チャンバラごっこに使う。
本のしおりにする。
指し棒がわりに使う。
植物の添え木（支柱）にする。
薪として火にくべる。
指揮棒として使う。
カップ麺が出来上がるまで蓋の重石にする。
口にくわえて顔の運動をする。
手が届かない隙間のゴミ取りをする。

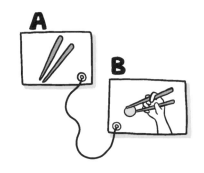

　などなど，「食べ物を食べる」以外にいろんな用途が見つかります。

　アイデアがほとんど出てこないのは，「箸は食べ物を食べる道具」という考えに囚われすぎているからです。これが「心の硬さ」です。心の柔軟性は，あることに紐づけていた言葉を崩して，いろんなとらえ方ができる状態でもあります。

　つまり，心の柔軟性とは，物事をさまざまな視点からとらえる力のことです。そのためにできることは何でしょう。それは，図4の「あること」と「ネガティブな言葉」の間の「＝」

を断ち切る力を身につけることです。これが,「心の柔軟性」を育む方法の1つです。

　あることとネガティブな言葉の紐づけを断ち切って,それ以外のとらえ方ができるような力を育む。これは何をしているかというと,認知（思考やイメージなど,物事のとらえ方のこと）の内容を変えようとしているわけです。こうしたアプローチを,「認知療法」といいます。

思考のバランスを取り戻す

　認知療法は,物事をさまざまな視点からとらえる力を育ててくれます。マイナス思考とうまくつきあう力,つまりあることとネガティブな言葉の紐づけを断ち切る力を身につけることができる。それが認知療法によって得られる果実なのです。

　認知療法は,考えが変わることだけをターゲットにしているのではありません。感情もターゲットとなります。というのは,ベックが主張しているように考えは感情に強い影響力を持っているからです（Beck et al., 1979）。

　たとえば,「メールを送ったけれど,相手から返信がこない」という場面で考えてみましょう。

　「私が送ったメールが気に障ったのだろうか」と思うと,不安になります。

　「返信を返さないなんて,失礼なやつだ！」と思うと,腹が立ちます。

　「こちらが送ったメールに気づいていないのかも」と思うと,特に感情の波風は立ちません。

　こんなふうに,そのときどう考えたかによって,感情はまったく違ったものになるのです。ということは,マイナス思考が変わることによって,不快な感情も変えることができるということになりますね。

　マイナス思考を変えるといっても,それをプラス思考に変えるわけでは決してありません。プラス思考はたいして役に立たないという話は,すでにしましたね。認知療法を,「プラス思考に変える練習」と誤解する人がいますが,そうではないのです。

　認知療法が目指す心の世界。それは,「思考にバランスを取り戻す」ということです。マイナスだ,プラスだと極端に振り切れるのではなく,バランスのよい考え方ができるような力をつけるのです。僕はこのことを,「考え方の幅を拡げる」と言っています。

　先ほどは,「『食べ物を食べる』以外の箸の用途を考える」ということにチャレンジしていただきました。挙がったアイデアをもう一度思い出してください。どれもプラス思考ではありません。認知療法は,プラス思考を作り出す力ではなく,考え方の幅を拡げる力を育むアプローチなのだというのは,こういうことなのです。

　ここからは,認知療法のエッセンスを日常生活に取り入れるコツをお伝えしてみようと思います。ここでは,認知療法的生活を楽しんでみるくらいのことを,目標にしてみましょう。

　認知療法を本格的に始めようと思うと,それなりの実践が求められます。試してみたい方

は，認知療法を本格的に試してみられる書籍が何冊か出版されていますので，そちらをお読みください。

　ここでは，あなたにムリせず心の柔軟性を育んでもらいたいと考えています。なので，さほど背伸びをしなくてもできそうな方法を一緒に深めていきましょう。といっても，これから紹介する方法でも，かなり効きますから安心してくださいね。

マイナス思考のパワーをそぎ落とす

　マイナス思考を変える。

　そういわれて，「できそうに思えない」と感じたあなたの感覚は，とても自然です。だって，マイナス思考を変えるって，本当に大変ですから。

　ここでは，マイナス思考をガラッと変えるような力技を使いません。何度も言いますけど，この本ではムリなことを取り入れるつもりはありません。僕自身，ムリが苦手だからです。

　あなたが，これまでマイナス思考で頭がいっぱいだったときのことを思い出してください。

　そのようなときに，「別の考え方を探してみて」と言われても，それは無理筋な話なのです。なぜかというと，それだけマイナス思考のパワーが大きいからです。別の言い方をすると，頭の中をマイナス思考という強力なゴムでできた風船がいっぱいに膨らんでいるわけです。それ以外の考えをしてみようたって，それを見つける余裕（容量）が，頭の中に残されていない。そういうときって，頭の中は労せずマイナス思考が浮かんできます。

　そんなときは，いったんマイナス思考のパワーをそぎ落としてあげるのです。マイナス思考の影響力が小さくなったときに初めて，別の考えを見つける余裕が生まれるのです。

　これからあなたに伝える認知療法のエッセンス。それは，頭の中いっぱいに膨らんだマイナス思考の風船に小さな穴をあけるというイメージです。マイナス思考を根元からガラッと変えるのは難しくても，それに小さな穴をあけて少しでもしぼませることならできそうだと思いませんか？

　少しでもしぼんだらこっちのもの。「そういえば，こんなとらえ方もできそう」といった別の視点が見つかりやすくなるのです。ここで大切なのは，しぼんだとはいえ，マイナス思考は小さいまま残っているかもしれないということです。

　でも，それでいいんです。「マイナス思考をなくす」という態度は，「マイナス思考をなくす　vs　マイナス思考がなくならない」という二項対立です。その態度が，僕たちを生きづらくするのです。マイナス思考がちょろっと顔を出すときもあれば，別の考え方もちょろっと顔を出す。そんなふうにしなやかに暮らせる力こそ，心の柔軟性なのです。いろんなものと共生できるおおらかさみたいなものですね。

　では，マイナス思考をしぼませるにはどうすればよいのでしょう。

　認知療法では，自分自身にいろんな質問を投げかけてみることで，マイナス思考が実際ど

こまで現実的なのか，マイナス思考が本当に自分にとって有用なのかについて，「気づく」プロセスを経ます。

そうなんです。自分で気づくことこそ，マイナス思考のパワーをそぎ落とすために大切な営みとなるのです。なぜかというと，マイナス思考の腑に落ちない点にせよ，新しく見つけた別の考えにせよ，「確かにそうだ」という気づきがなければ納得できないからです。納得できないかぎり，マイナス思考の影響力を弱めたり，新たな考えが不快な感情を和らげてくれたりすることはない。そういうものなんです。

たとえば，こんな場面を想像してみてください。

知人が，「この本，面白いから読んでみて」と貸してくれた本と，あなたが本屋で立ち読みして「面白そう」と思って買った本とでは，どちらを率先して読むでしょう。もちろん，自分で買った本です。前者と後者の一番の違いは，「本の面白さ」に対する気づきの有無です。「面白そう」という気づきがあって，納得して読書することができるわけです。

マイナス思考で悩んでいるときに，他人が「もっとこう考えてみたらどう？」と別のとらえ方を示してくれる。でも，そう言われてもマイナス思考の悩みから抜け出せないことの方が多いでしょう。それは，他人に言われたところで，自分が「確かにそうだ！」という気づきを経ないと，その考えを納得して受け入れることができないからです。

ここまでの話で，あなたは「マイナス思考のパワーを小さくするには，その考えのおかしなところに気づいたり，新たに見つけた考えが“一理ある”と気づいたりする必要がある」と気づいたのではないでしょうか。

自分で気づくために必要なこと。それは，自分に問いかけて，自分で答えるというステップです。では，認知療法ではどのようなことを自分に問いかけるのでしょう。それが，表1に示した7つの問いです。

マイナス思考を見つめ直す問いかけ

マイナス思考に陥ったとき，この7つの問いに答えることで，「マイナス思考はどうも現実的ではなさそう」とか，「マイナス思考を抱えていても自分に良いことはなさそう」と気づくことができます。そうなると，マイナス思考の影響力が弱まり，「あること」をネガティブな言葉以外の視点からとらえることができるのです。こうして，マイナス思考の正体である「あること」と「ネガティブな言葉」の紐づけを少しずつ断ち切っていくわけです。

表1　マイナス思考を見つめ直す問いかけ

7つの問い
①その考えがそのとおりだと思える理由は？
②その考えと矛盾する事実は？
③その考えのままでいるデメリット（良くない点）は？
④この状況であなたが頑張っている点や良いことは？
⑤親しい人が同じ考えで苦しんでいたら何と言ってあげる？
⑥この考えから解放されるために何をすればよい？
⑦自分にどんなことを言ってあげると楽になりそう？

　7つの問いのうち、①と②は認知療法でよく使われますので、少し解説しておきましょう。
　たとえば、「私は誰からも嫌われている」という考えに悩んでいた人がいたとします。
　そう思う根拠を尋ねてみたところ、その人は「みんなの顔を見ればわかる」と答えました。これって、「私は誰からも嫌われている」という根拠になると思いますか？
　なりません。だって、相手の顔を見てその人が何を考えているかを理解するのは100％不可能だからです。これは、とっても大切なことなので繰り返しますね。僕たちは、相手の顔を見て、その人が考えていることを読むのは不可能です。
　でも、このようなことって、よくやってしまいますよね。相手の顔を見て、「あの人はこう考えているはずだ」とか「あの人は私のことをこう思ってるんだ」と。それって、こちらが考えたことに過ぎませんから。
　なので、相手の顔を見てその人が考えたことを読んでしまったら、そのあとにこう付け足してください。「って、自分が思ったに過ぎない」と。そう思って間違いありません。それだけでも、マイナス思考のパンチ力は弱まります。
　話を戻しましょう。先ほどの「みんなの顔を見ればわかる」という根拠は、根拠なんかじゃなくその人の思い込みです。つまり、それすらその人の「考え」なのです。
　根拠とは「客観的な事実」です。客観的とは、「誰が見聞きしてもその通りと思える」という意味ですから、客観的な事実とは「誰が見聞きしてもその通りと思える事実」と思ったらいいでしょう。
　そう思うと、僕たちは案外「根拠なく」マイナス思考を鵜呑みにしていることが多いのがわかります。
　でも、もし根拠が見つかったらどうすればよいのでしょう。たとえば、「○○さんから、『あなたのこと大っ嫌い』と面と向かって言われた」のような感じです。ちなみに、これだって本当はある人のことを○○さんが大っ嫌いになったのではなく、「その人の持っている魅力に嫉妬した自分が嫌いだった」とか「その人の中にある自分と似た嫌な面を見て、自分の劣等感が刺激された」といったことも多々あるのです。人間って、複雑ですね。
　もし、マイナス思考の根拠が見つかっても、慌てなくて大丈夫です。今度は、マイナス思考の矛盾点を探してみましょう。それが問いの②になります。

　マイナス思考の矛盾点，つまりその考えのおかしなところを見つけると，マイナス思考の現実性は怪しくなってきますね。そうなると，マイナス思考の軛（くびき）から抜け出すことができるのです。

　先ほどの例だと，「△△さんは，今でもたまに遊んだり，体調が悪いときは気遣ってくれたりしてくれる」という事実が見つかると，「私は誰からも嫌われている」というマイナス思考は揺らぎます。

　さて，「私は誰からも嫌われている」というマイナス思考に対して，「○○さんから，『あなたのこと大っ嫌い』と面と向かって言われた」という根拠と，「△△さんは，今でもたまに遊んだり，体調が悪いときは気遣ってくれたりしてくれる」という矛盾点が見つかりました。

　根拠と矛盾点を見比べてみて，あなたはどんな考えを頭の中に新たに浮かべますか。

　「自分を嫌っている人もいるだろうけど，そうじゃない人もいる」とか，「○○さんは，面と向かってそう言わざるをえない事情があったんだろうな」とか，最初のマイナス思考とは違う考えが，労せず浮かんでくると思います。いずれも，プラス思考ではありませんね。

　「自分は誰からも好かれている」。これはわかりやすいプラス思考です。そんな考えを見つけたって，納得できないので気持ちは晴れません。

　プラスだマイナスだと極端に振り切れずに，バランスをとって伸び伸びやりませんか。というのが，認知療法のメッセージでもあります。

　マイナス思考を見つめ直す7つの問いですが，認知療法を本格的に実践しようとしたら，この7つすべてに答えることになります。心の柔軟性とは，物事をさまざまな視点からとらえる力をいいました。このような多岐の問いかけを通して，物事をさまざまな視点からとらえることができるのです。

　でも，「全部に答えるなんて大変だなぁ」と思ったら，すべてに答えなくてかまいません。7つの問いのうち，お気に入りの問いを1つ見つけてください。そして，あなたがマイナス思考に捕まったときに，その問いかけを自分に投げかけるのです。そうしたことを繰り返していると，あなたの心は少しずつ柔らかくなります。

　メンタルストレッチ：マイナス思考に質問を当てる

　最近，とっても嫌な気分になったときのことを思い出してください。そのとき，どのような考えが頭に浮かんでいたか，ふり返ってみましょう。そのときのマイナス思考を見つけだしたら，40頁の表1の7つの問いのうちどれか1つを選び，それに答えてみてください。そうすると，はじめの気分はどうなっているでしょう。

簡単にできる認知療法的暮らし

　ここまでのところで，「頭の中いっぱいに膨らんだマイナス思考の風船に小さな穴をあけ

る」程度に認知療法を利用してみませんかという話をしました。認知療法の話の最後に，今まで紹介した方法よりももっと簡単に認知療法的暮らしを送る工夫をお伝えしたいと思います。

　考え。それは「自分への声かけ」でもあります。聞いているのは自分だけですから。

　だとしたら，怒りや嫉妬，不安や後悔のような嫌な気分を引き出す考えがふとしたときに浮かびやすいのは，換言すると「日頃からネガティブな声かけを自分に浴びせ続けている」ということです。

　怒りは，自分の価値観と異なる相手が許せない考えから生じやすい。

　嫉妬は，誰かを妬んだり羨んだりする考えから生じやすい。

　不安は，将来のことを悪く先読みする考えから生じやすい。

　後悔は，過去をふり返って悔やむ考えから生じやすい。

　こんなふうに，嫌な気分に影響を与えている考えは，どれも頭の中でリピートし続けると自分が苦しくなるものばかりです。

　マイナス思考という声かけばかり自分に浴びせ続ける……。考えただけでも力が削げ落ちてしまいそうですね。マイナス思考を頭の中で反芻すると，心の体力はどんどん奪われてしまう。

　そうならないためにどうすればよいか。ひとつは，普段の自分への声かけを変えてみることです。「でも，それって考えを変えるってことじゃないか。それが難しいから苦しいんだ」という声もあるでしょう。そして，それはその通りだと思います。

　なので，ここからはムリをせずに自分への声かけを変える工夫について，一緒に考えてみましょう。

　考えを変えることは難しくても，ちょっとした言葉，それも長ったらしい言葉ではなく，一言二言程度なら，変えることができそうだと思いませんか。

　「そんな短い言葉で，考えが変わるわけはない」と思われるかもしれません。でも，僕たちはその短い言葉をきっかけとして，その後の世界が一変するということを普段から経験し

ているんです。

　自分への声かけを変えてくれる短い言葉を，いくつか紹介してみましょう。

・かもしれないし，そうじゃないかもしれない

　この言葉をマイナス思考のあとに付け足すだけで，マイナス思考のパンチ力は弱まります。たとえば，次のような感じです。

　自分はもうダメだ。
　→自分はもうダメかもしれないし，そうじゃないかもしれない。

　あいつは嫌なやつだ。
　→あいつは嫌なやつかもしれないし，そうじゃないかもしれない。

　人生は最悪だ。
　→人生は最悪かもしれないし，そうじゃないかもしれない。

　どうですか？　最初のマイナス思考と比べると，この言葉を付け足しただけで，マイナス思考のパワーが弱まっているのがわかりますね。

　この言葉のポイントは，「そうじゃないかもしれない」で終わっているところです。

　マイナス思考は，だいたいが悪い見通しで終わります。ほぼすべてと言ってもいいかもしれません。そしてそれが，次の認知的紐づけを生み出してしまうのです。1．生きづらさの章では，認知的紐づけにいったん捕まると，どんどんひどいことになるというやっかいな性質があるという話をしました。その理由の1つがこれなのです。

　水は，下方に向いた板を滑らかに流れ落ちていく。それと同じで，悪い見通しで終わるマイナス思考は，次のマイナス思考に簡単にバトンタッチされるのです。

　自分はもうダメだ。
　　　↓
　なんであんな選択をしたんだろう。
　　　↓
　取り返しがつかない。

　あいつは嫌なやつだ。
　　　↓
　いつも陰口を言いふらす。
　　　↓

あいつがいるから，この職場は働きにくいんだ。
　　　↓
仕事を辞めたい。

人生は最悪だ。
　　　↓
これまでもずっと嫌なことばかりだった。
　　　↓
生きている価値はない。

　こんな感じで，マイナス思考という形を帯びた認知的紐づけがどんどん拡がっていく……。
　こんなとき，流れ落ちる水の先にこれまでの下方とは違う上向きの板を置いたら，流れは変わります。「そうじゃないかもしれない」で終わるのは，まさにその効果があるわけです。
　「そうじゃないかもしれない」で終わることによって，そのあとに「そういえば……」とマイナス思考と矛盾することに目が向きやすくなります。
　物事を一方向ではなく多方向からとらえると，心の柔軟性は育まれる。こうした些細な言葉によっても，心の柔軟性を育てる機会になるのです。

・にもかかわらず

　「だから」という言い回し，あなたはどんなときに使いますか？
　僕は，悪いことのあとにこの言葉を使うことが多いです。そうすると，悪いことがさらに悪くなる。

　○○さんから小言を言われた。だから，あの人は苦手なんだ……。
　財布を家に忘れて職場に来てしまった。だから，僕はそそっかしいんだ……。

　こんな感じです。そういわれると，あなたも思い当たることがありはしないでしょうか。悪いことのあとに「だから」を付け足して，悪いことの上塗りをしてしまうことが。
　こんなふうに「だから」の視点で物事を眺めると，自分や周りの弱点，嫌なこと，つらいことに目が向きやすくなるのです（図5）。
　悪いことのあとに「だから」を使ってしまいそうなとき——それはきっと自分や世の中が嫌になってしまいそうなときでもあるのですが——，「にもかかわらず」という言い回しを使ってみませんか。そうすると，自分や世の中に対する穏やかな肯定感をあなたに届けてくれます。というのは，「にもかかわらず」の視点で物事を眺めると，自分や周りの強み，良いこと，うまくいっていることに目が向きやすくなるからです（図5）。

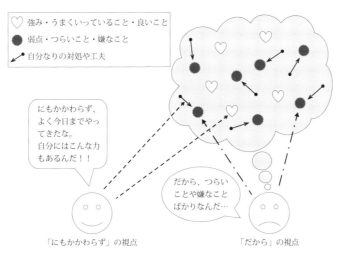

図5　「にもかかわらず」の視点と「だから」の視点

受験に失敗した。だから，自分はおしまいだ。
→受験に失敗した。にもかかわらず，夢をあきらめていない。

私は難しい病気にかかってしまった。だから，働くことも遠くへ旅行することもできないかもしれない。
→私は難しい病気にかかってしまった。にもかかわらず，豊かな人生に向かってできることをしようとしている。

上司に叱られた。だから，あいつのこと嫌いんだ。
→上司に叱られた。にもかかわらず，自分のことを見放さず声をかけてくれる。

　自分や世の中が嫌になったとき，「にもかかわらず」と優しくつぶやいてみてください。そして，そのあとに自然と続く言葉に，心をゆだねてみましょう。

・そして

　そ，そして？　こんな簡単な言葉で，自分への声かけが変わるの？　と思っていただいたら，僕はとても嬉しいです。これが，変わるんです。
　この「そして」という言葉は，「でも」と使いたくなったときに「でも」の代わりに使ってほしい。そんな言葉です。
　僕たちは，良い話のあとに「でも……」と続けて，わざわざ自分で自分の元気を奪ってしまうことがあります。そしてそれは，自分について語るときにとにかく多いように思います。
　「でも」が口癖になってしまうと，わざわざ自分で自分を「自己否定の沼」に引きずり込

んでしまう。ほんとにそうなります。

「最近，調子よさそうですね」「でも，お腹が出てきてしまったんです……」
「毎日よく頑張ってますね」「でも，全然効率よく働けないんです……」
「お子さん元気ですね」「でも，全然勉強しないし言うこと聞かないんです……」

こんな調子で，普段の会話で相手から良いことを言われて，「でも」とそれを打ち消したりすることってありませんか？
　自分について語るとき，「で……」と出そうになった「でも」を止めて，「で……そして」と「そして」に置き換えてみてほしいんです。そのあとに何が起こるか。
　それはあなた自身，身をもって感じてみてください。とはいえ，「何が起こるかわかんないと，使ってられるかい！」と思う人もいるでしょうから，こっそりと「そして」のあとに起こることをお見せします。

ダイエットしようと思ってるんです。でも，きっと今回もまた三日坊主で終わってしまい
　そうな気がします……
→ダイエットしようと思ってるんです。そして，少しでも健康になってあちこち旅行した
　いんです。

最近，いろいろと料理のレパートリーを拡げてみようとしてるんです。でも，全然覚えら
　れないし，うまく作れないんです……。
→最近，いろいろと料理のレパートリーを拡げてみようとしてるんです。そして，家族や
　友人にいろんな料理を食べてもらいたいんです。

私は，看護師をしています。でも，全然未熟でなんでこんなにセンスがないんだろうって
　思うことが多いんです……。
→私は，看護師をしています。そして，患者さんが喜んでくれるようなケアができるよう
　になりたいんです。

どうです？　自分に対するとらえ方が，自然な形で変わっているのがわかりますね。

ここまでの話で，あなたはきっと気づいたでしょう。
「こんな些細な一言で，自分への声かけが変わるんだ」と。
　そうなんです。些細な一言でいいんです。その一言を心の中で唱えるだけで，マイナス思考とは違うメッセージをあなたに届けてくれる。そんな言葉を，あなた自身で見つけてみていただきたいのです。

自分にとって，手触りのよい言葉。

その言葉を投げかけるだけで，少しだけホッとできる言葉。

その言葉を唱えると，「豊かさに向けて，何かやってみよう」と思える言葉。

そんな言葉を，あなただけの「自分へのメッセージ」を，１つでよいのでぜひ持っておいてください。

メンタルストレッチ：手触りのよい言葉をかける

　マイナス思考が浮かんだら，その流れを無理せず変えてくれそうな，自分だけの手触りのよい言葉を見つけてみましょう。うまく見つけられなければ，先ほど挙げた３つの言葉のどれか１つを選んでも構いません。このさきしばらくの間，マイナス思考が浮かんでいることに気づいたら，その言葉を自分に優しくかけてみましょう。

　さぁ，２．心の柔軟性の章の《５》認知療法編は，そろそろおしまいにしましょう。

　認知療法編のむすびとして，あなたに１つだけお伝えしたいことがあります。

　ここでは，「あること」と「ネガティブな言葉」の紐づけを断ち切る話をしました。「考え方の幅を，ムリせず広げてみる」という話でしたね。

　だけど，考えが変わったところで，行動が以前のままだと，生活に変化を感じないでしょう。「外に出ると，周りの人間は自分のことを見下すに違いない」と思ってひきこもっていた人が，「外に出ても，周りはさほど自分に注意を向けていないかもしれない」という考えを見つけてみた。でも，相変わらずひきこもったままだと，「外に出ると，周りの人間は自分のことを見下すに違いない」という考えに栄養を与え続けることになってしまいます。

　考えが変わっただけでは，人生に豊かさを感じられないと思います。行動も変わる必要があるのです。

　では，どう変えたらよいか。という話は，今は置いておきましょう。もう少しあとでお話しすることになる３．価値にかなった暮らしの章で，豊かさをもたらす行動についてたっぷりお伝えしたいと思います。

　そのまえに，心の柔軟性を育むもう１つの方法の話をさせてください。

《6》

マインドフルネス編
——今を存分に味わう力の育み方——

考えないようにすることはできるか

　今度は，心の柔軟性を育む2つ目の方法をお伝えしましょう。これからお伝えすることは，結果的に認知的紐づけを骨抜きにする力を届けてくれます。

　1．生きづらさの章でお話した「不快な内的体験を避けようとすると，逆にそれを引き寄せることになる」という法則を思い出してください。

　嫌な感情や思考，記憶といった不快な内的体験を避けようとすると，逆にそれを引き寄せてしまい，ますますつらくなってしまうという話でした。不快な内的体験を避けることを「体験の回避」といって，生きづらさをもたらす2つ目の理由だとお伝えしましたね。

　このことを，もう一度はっきりと理解していただくために，こんなことを試してみましょう。

気づきのワーク：青いスパゲッティ

　これから1分間，「青いスパゲッティ」のことを絶対に考えないでください。

　少しも考えてはいけません。

　準備はいいですか？　では，始めてください。

　さて，あなたはまったく「青いスパゲッティ」を考えずにいられたでしょうか。うまくできたように思えた人は，もしかすると「青いスパゲッティのことを考えずにいよう」と考えたりしなかったでしょうか。その時点で，青いスパゲッティのことを考えてしまっています。

　こんなふうに，何かを考えないようにすれば，逆にそれを考えてしまう。そのときに生じている不快な内的体験を避けようとしたら，それを引き寄せてしまうことになるのです。

　これが「青いスパゲッティ」だったからよかったものの，マイナス思考や思い出したくもない記憶，あるいは不快な感情だとしたらどうなるでしょう。それらを避けようとすると，ますますそれらを強めてしまう。さらにそれらを避けようとすると，もっともっとそれらが

強められてしまう。こうして僕たちの抱える苦悩は，ますます大きくなってしまうのです。

　では，この法則にしたがうと，嫌な感情，思考，記憶から解放されるために，何をすればよいということになるでしょう。

　こう考えた人はいないでしょうか。

　「避けると引き寄せる。ならば，それに向かえば，逆にそれを遠ざけることができる」と。この発想に基づくと，次のように言えそうです。「嫌な考えを消し去ろうとすれば，逆に頭の中が嫌な考えでいっぱいになる。それなら，嫌な考えにもっと浸ろうとしたら，逆にそれを考えなくてすむんじゃない？」

　残念ながら，そうなりはしません。

　なぜかというと，こういうことだからです。

　「私はダメな人間だ」という考えで悩んでいた人がいたとします。この人が，その考えから解放されるために，それを率先して考えようとしたら……。この人は，「私はダメな人間だ」という考えを避けたくてそうしたということになります。

　「不快な内的体験を避けようとしたら，逆にそれを引き寄せることになる」という法則を思い出してください。どのような方法にせよ，「不快な内的体験を避けたい」と思った段階で，不快な内的体験は強められてしまうのです。

　では，どうすればよいのでしょう。

闘いの土俵から降りる

　不快な内的体験を鵜呑みにしたり避けようとしたりする闘いの土俵から降りたらよいのです。

　不快な内的体験を敵と見定めて闘おうとするかぎり，残念ですが僕たちに勝ち目はありません。これまでのことを思い返してください。頭の中につらいことが浮かんできて，それを考えないようにしたらうまくいった，ということは一度としてなかったのではないでしょうか。

　その土俵に乗っている限り，その不快な内的体験といつまでも闘うことになる。その闘いは勝つあてもなく，延々と繰り広げられる。そうやってあなたの苦しみはますます大きくなっていく……。

　あなたは，本当に「今」という二度とは訪れない時間を，その不快な内的体験にどっぷりと浸かることに費やしたいのでしょうか。本当は，

　そんなことをするよりも，もっと大切にしたい時間の過ごし方があるのではないでしょうか。

　だとしたら，その不快な内的体験をどうにかしようという闘いの土俵から降りませんか。

　降りるとはどういうことか。それは，手放したいと思った不快なことが，"そこにある"ことをありのまま受け止めることです。不快な内的体験を鵜呑みにしたり避けようとしたりするのではなく，ありのまま受け止める。痛みがあるのならその痛みを，不安があるのならその不安を，嫌な考えがあるのならその嫌な考えを，ありのまま受け止める。それが，闘いの土俵から降りるということです。

　別の言い方をすると，「生きていると，つらいことや苦しいことは，当たり前のように起こる」と認めることでもあります。病気や障がいを得る。大切な人とお別れをする。どうしても価値観が違って，周囲と理解しあえないことがある。それ以外にも，生きていると誰の身の上にも起こる苦しみはたくさんあるでしょう。

　こうしたことが起こったとき，そのことばかりに気を取られてしまう。または，そのことを意識から締め出そうとして，ますますそのことに注意が向いてしまう。こんなふうに，生きていると誰にも起こり得る本来の苦しみに，のめり込み過ぎたり避けようとし過ぎたりすることで，余計な苦しみが，不必要な苦しみが，そこに盛られてしまう。

　のめり込めば込むほど，避ければ避けるほど，不快な体験は本来の姿以上に大きくなり，僕たちはますますその苦悩にとらわれてしまう。もちろん，進んでそうしたいのでしたら，それも1つの人生だと僕は思います。人はこうあるべきだ，なんてふうに僕は思いません。

　でも，もう一度自分に尋ねてみてほしいのです。

　「本当に，そんなことに，二度と訪れない"今"という時間を使い続けたいの？」と。

　本来の苦しみは，生きていると誰の身の上にも起こります。それにのめり込んだり，避けようとしたりする闘いの土俵から降りて，本来の苦しみを自分のそばにただ置いておく。そのうえで，大切だと思うことを今という時間を使って行う。これまで，あなたがしてきた「本来の苦しみ」に対する不毛な闘いをやめ，本来の苦しみを手元に置いたまま，自分の人生を豊かにする営みに舵を切る。

　そのために，「ありのまま受け止める」という心を育んでほしいのです。とはいえ，ありのまま受け止めるって難しく感じませんか。でも大丈夫です。僕があなたに伝えたいことは，無理せずできることです。

　「ありのまま受け止める」という心を無理せず育む方法。それが，これからお伝えする「マインドフルネス」です。不快な内的体験を鵜呑みにしたり避けたりするのではなく，今この瞬間そこにただあるものとして，心を開いて受け止める。そうしたことが，マインドフルネスによってできるのです。

マインドレスに暮らすと今がないがしろになる

　マインドフルネスという言葉を初めて聞いた人もいるかもしれません。聞き慣れない言葉は，その反対を考えてみるとわかりやすくなります。なので，マインドフルネスでもそれをやってみましょう。マインドフルの反対は，マインドレスです。マインドレスとは，「心ここにあらず」の状態です。

　マインドレスな暮らしは，日常生活に深く浸透しています。普段の生活で，次のようなことがありませんか。

　ショッピングモールで買い物をしているうちに，コーヒーが飲みたくなりました。ちょうどカフェがあったので，そこに入ってコーヒーを注文しました。コーヒーを飲んでいる間，今晩のおかずは何にしようかとか，これからどうしようかとか，あれこれ考えています。しばらく経つと，コーヒーカップは空っぽになっています。あれ，いつの間に……。

　あれだけ飲みたかったコーヒーを，十分に味わえていませんね。

　車を運転しているときのことです。道中どうやって運転したか，まったく覚えていないのに，数キロ走っていた。あれ，いつの間にここまで来たんだろう……。

　なんてことも，ときどきありますね。

　食事をしているときのことです。口の中にはまだ食べ物が入っていて，モグモグと噛んでいる。なのに，目は他のおかずを物色して，箸でそのおかずをつまんでいた。

　なんてことも，よくありますね。今食べているものを味わうことなく，先に食べるものに意識が向いているわけです。

　遠くにいる家族と，電話で話しているときのことです。相手がしゃべっているのに，こちらはほかの用事をしたり，違うことを考えたりしていた。なんてことないでしょうか。

　遠くの家族とのやりとりを，十分に味わえていませんね。

　家で過ごしているときのことです。子どもが，「一緒に遊んで」と近づいてきます。一緒に遊んであげるのですが，途中ちらちらとスマホを眺めてしまいます。

　せっかく子どもと遊んでいるのに，その時間を存分に楽しめていません。

　いずれのケースも，ありふれた日常です。そして，いずれも「心ここにあらず」で"今"を十分に味わえていません。

　「たかが短い時間のことだから，別に構わないのではないの」と思う人もいるかもしれません。たしかに，いずれのケースも，さほど長い時間ではありません。

　でも，そのような過ごし方は，そのときだけで終わるのでしょうか。これまでも，そしてこれからも，ずっと続いているのではないでしょうか。もしかすると，一生……。

　そんなことをしたら，僕たちはいつ二度とは訪れない"今"を味わうのでしょう。

　こうした状態を，マインドレスといいます。

　マインドレスに暮らすと，今がないがしろになるだけでなく，知らないうちに頭の中は自分が傷つくことでいっぱいになってしまうことがあります。なぜなら，率先してそうしたいわけではないのに，知らないうちに不快な内的体験との戦いの土俵にのることになるからです。知らないうちに，嫌な考えで頭がいっぱいになっている。そうしたいわけではないのに，つらい気持ちでふさぎ込んでしまっている。これらはすべて，マインドレスの状態です。

　マインドフルはその反対ですから，なんとなくイメージがわいてきたと思います。

マインドフルネスとは

　マインドフルはマインドレスの反対の状態です。マインドレスが今ここから意識が離れていたのに対して，マインドフルは今ここに意識を存分に向けた状態といえるでしょう。そして，そのような心の状態を作り出す営みを，「マインドフルネス」というのです。

　マインドフルネスは，その第一人者であるカバット－ジンによると，「今ここでの体験を，評価や判断を交えることなく，関心をもって注意を向けること」と定義されます（Kabat-Zinn, 1994）。「なんのこっちゃ？」と思いました？　だとしたら，「あ，今わたしは『なんのこっちゃ』って思ったんだ」と，それを良いでも悪いでもなく，ただそう思っただけということに気づくという体験。それがマインドフルネスです。

　マインドフルネスの定義にしたがって，マインドフルネスがどういうものかを順を追ってみてみましょう。

・「今ここでの体験に」注意を向ける

　僕たちは，過去を思い出して「あのときああしておけばよかった」と後悔したり，「あの人はなぜ裏切ったんだ」と怒りを感じたりすることがあります。また，「この仕事が失敗して評価を下げてしまうかもしれない」と考えて不安になったり，「不治の病にかかってしまったので，自分の人生はもうおしまいだ」と考えて絶望したりと，どうなるかまったくわからない将来を悪く先読みすることもあります。

　こんなふうに，過去や未来にまつわる物事に注目しすぎて，ネガティブな考えにとらわれ

続ける限り，心の体力はどんどん奪われてしまいます。過去も未来も，"今"を使って直接どうすることもできないからです。

　マインドフルネスでは，「今ここ」での体験に注意を向けます。過去や未来に気持ちが持っていかれた自分に気づき，今ここでのことに注意を戻す。そうすることで，心のフットワークは軽くなり，過去や未来の苦しみから今に立ち戻る「時間軸の反復横跳び」がうまくなるのです。

・「評価や判断を交えることなく」注意を向ける

　僕たちは，普段から知らず知らずのうちに，自分を含む身の回りのことを評価したり，判断を下したりしながら暮らしています。

　「あれは良い」「これはダメ」「そんなの無理に決まってる」「あの人はこう思っているはずだ」。これらはいずれも認知的紐づけだったのを思い出してください。評価や判断は，僕たちが持っている価値観の言語化に過ぎません。目の前のそれ自体を，ありのまま受け止めているわけではないのです。

　ほぼ無意識的に行っている判断や評価，それが僕たちを不快な感情に押し込めたり，「面白くなさそう」とか「どうせ無理」と判断して体験の幅を狭めたりしている。まだ食べたことのない料理を，「不味そう」と判断して食べない。観たことがない映画や本を，「つまらなさそう」と判断して観ない。それらが，ほんとうはとっても美味しくて，とっても面白いものかもしれないのに，自分の評価や判断によってそれらに触れる機会が奪われてしまう。そんなマインドレスな営みが，僕たちの人生からカラフルな色彩を奪い，モノトーンな光景に変えてしまっていることは，実にたくさんあります。

　マインドフルネスでは，今ここでの体験を評価や判断を交えずに，ありのまま味わいます。とはいえ，評価や判断を下してしまったからよくないかというと，そうでもありません。なぜなら，マインドフルネスではそうしたことにすら，「そんなふうに思った（評価・判断した）んだね」とありのまま気づきを向けることができるからです。すべての体験に開かれている。それが，マインドフルネスの持つ強みです。

・「関心をもって」注意を向ける

　マインドレスの話でもお伝えしたように，僕たちは普段何気なくいろんなことを体験しています。心ここにあらずの状態で過ごしてしまう。そうしたことが，本当に多いのではないでしょうか。

　こうしたマインドレスな暮らし方を，"自動運転状態"といいます。一度きりの人生を，自動運転だけで流すのではなく，たまにはマニュアル運転に戻してあげる。「関心をもって」注意を向けるとは，そうした体験でもあります。

　とはいえ，「心地よい体験」は関心をもって注意を向けることはできても，「不快な体験」はそうはいかないと思っちゃいますよね。体験の回避は，まさにそれでした。マイナス思考

や嫌な記憶，感情を避けようとする。

　マインドフルネスでは，こうした不快な体験も，もちろん射程に含まれます。つまり，不快な体験も「関心をもって」注意を向けるのです。とはいえ，不快な体験に注意を向けようとすると，つい「嫌々」向けてしまうことが多い。なので，「関心をもって」という態度を実践する際，「どんなふうに感じているんだろう」と穏やかな好奇心を向けたり，「そんなふうに感じているんだ」と優しく眺めたりします。

　マインドフルネスのイメージが，少し深まりましたか。まだ，はっきりしていなくても大丈夫です。これからあなたには，少しずついろんな体験をマインドフルに味わっていただきます。そうしているうちに，マインドフルネスがどういうことかを自然と理解できるようになりますからね。

　マインドフルネスは，「気づき（マインド）が行き渡った（フル）状態（ネス）」と訳されます。あなたの感じ方を，ありのままに気づいてください。「よくわからん」「難しそう」こんなふうに，今はただあなたの率直な感じに，マインドフルな気づきを向けていたら大丈夫です。ただし，「よくわからん」とか「難しそう」を深追いしないでください。

　「この話（A）はよくわからん（B）」「マインドフルネス（A）は難しそう（B）」。これらは，認知的紐づけです。認知的紐づけを深追いすると，どんどんそれが膨らんでいくのを思い出してください。そのせいで，今読んでいるこの本とのかかわりがマインドレスになってしまい，何も残らなくなってしまいます。時間をかけているのにそうなってしまってはもったいないですね。「よくわからん」とか「難しそう」と気づいたら，そう思ったことを穏やかに認め，またこの本にゆっくりと戻ってください。それこそ，マインドフルな本の読み方です。

マインドフルな心はすぐそこにある

　マインドフルネスは，「今ここでの体験を，評価や判断を交えることなく，関心をもって注意を向けること」でしたね。

　そこから考えると，マインドフルな心の状態とは，「良し悪しの判断をせず，不快な体験であっても避けずに，かといってのめりこまずに，今この瞬間に開かれている状態」となります。

　あなたは，このような心の状態になることができそうだと思いますか？

　マインドフルな心なんて，「できるとはとても思えない」
　マインドフルな心になるには，「そうとう頑張らないといけないだろう」
　マインドフルな心になる練習は，「できそうなときにでもトライしてみるか」

そんなふうに思ったりしていないでしょうか。自分の気持ちに，マインドフルに注意を向けてみましょう。

実は，マインドフルな心は，すぐそこにあるのです。

それを，これからあなたに実感してもらいましょう。

右手を机（床でも壁でも構いません）に優しく当ててください。

触れている間，「机に触れた感触を感じることができない」と，心の中でつぶやいてみてください。

あなたは，自分のつぶやきとは関係なく，机の感触を右手に感じていましたよね。それこそ，マインドフルな気づきです。

これで，1つ目の「できるとはとても思えない」が消えました。

では次に，右手を机（床でも壁でも構いません）に当てて，30秒ほど触れた感触を感じてみてください。

それが終わったら，今度は左手を机に30秒ほど当ててください。その間，何も感じないように頑張ってみてください。

2つのやり方のどちらが，やっていて大変だったでしょう。もちろん，後者でしょう。マインドフルに体験してみることに，頑張りはいっさい不要です。

これで，2つ目の「そうとう頑張らないといけないだろう」も消えました。

さあ，最後です。

机に，ネバネバした納豆が張り付いています。その机を，右手で触れてどんな感触がするか，感じ取ることはできますか？　ここで，「そんな気持ち悪いことなんてできない」とか，あなたの考えを聞いているわけではありません。納豆が張り付いた机の感触を，右手で触れたときの感触を感じ取ることはできるかと聞いているのです。もちろん，できますね。

マインドフルネスは，「調子が良いときにでもしてみます」という人がいます。これは，裏を返すと「調子が悪いとできません」ということです。そうした「調子が良いからできる」「調子が悪いからできない」は，その人の考えです。

納豆の机の想像からもわかったように，僕たちはどんなことでもマインドフルに味わうことができます。つまり，マインドフルネスはあらゆる体験に開かれているのです。

これで，3つ目の「できそうなときにでもトライしてみるか」も消えました。

以上のことからわかった「マインドフルネス」。

それは，誰にもできることですし，頑張らなくてもよいことですし，どのようなときにもできるということです。まさに，マインドフルな心はすぐそこにあるのです。

認知の働きを変える

　ところで，今あなたと深めているマインドフルネスは2．心の柔軟性の章に収められています。マインドフルネスがどうして心の柔軟性を育むかについて，お話しさせてください。
　生きづらさが生じるワケ。その1つは，「認知的紐づけ」でした。

　事情があって働けない人がいました。この人は，「働けない自分は，価値がない」と考えることがよくあり，その都度激しく落ち込んでいました。ちなみに，この考えは「働けない自分（A）」に「価値がない（B）」というネガティブな言葉を紐づけていますね。もっと詳しく言うと，「自分（A）」に「働けない（B）」という言葉も紐づけているのです。だって，「自分（A）」は，いろんなとらえ方ができるわけですから。そのときそのときで，「自分」のとらえ方も違ってくるはずです。ようするに，「自分」に紐づける言葉は，数えきれないほどある。なのに，「働けない」に注目しすぎたり，「価値がない」という判断に囚われすぎていたりする。
　これって，視野がとても狭まった状態です。だって，「そこ」しか見えていないわけですから。認知的紐づけに捕まるとそこから抜け出すことが難しくなる。そのワケは，視野狭窄に陥ってしまい，そのマイナス思考を通してしか自分や世の中を見ることができなくなるからです。まさに，「心が硬い」状態ですね。
　さて，さっきの話の中に，実はとても重要なフレーズが出てきています。それは，「マイナス思考を通して自分や世の中を見る」というくだりです。マイナス思考がつらいのはなぜだったかを思い出してください。悪く考えてしまうからつらいわけではありません。その考えと現実を紐づけてしまうからつらいのでした。それが，あなたもすでに見慣れたこの図で説明したことです（図6）。
　マイナス思考と現実を紐づけるとは，つまりマイナス思考を通して現実を見るということです。このことをすでによく理解した人もいるでしょうが，とても大切なことなのでもう一度説明させてください。

　「自分は価値がない」という考えを通して自分を見るから，自分が嫌になる。
　「この病気のせいで人生はおしまいだ」という考えを通して人生を見るから，絶望する。
　「あの人と別れたら生きていけない」という考えを通してあの人との関係を見るから，執
　　着する。

　認知的紐づけの持つ負の力。それは，このようにマイナス思考を通して現実を見てしまうことで生まれるのです。マイナス思考とは，頭が作り出した言葉の産物なので，現実と同じではありません。

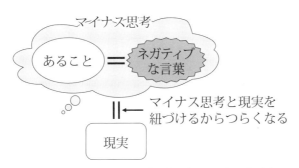

図6　マイナス思考と現実を紐づけるからつらくなる

　でも，こう思う人もきっといるでしょう。

　「マイナス思考が当たっていることもある。それって，マイナス思考と現実が同じということじゃないか」と。

　たしかに，マイナス思考と現実が同じように見えることは起こります。

　「告白してフラれたらどうしよう」とビクビクしながら告白して，フラれることもあるでしょう。

　「受験に落ちるかもしれない」と思って，実際に落ちることもあります。

　「ガンかもしれない」と思って，実際ガンだったりすることもあるかもしれません。

　でも，フッた相手は，あなたの「告白してフラれたらどうしよう」という考えに揺り動かされてあなたをフッたわけではありません。

　受験に落ちたのは，「受験に落ちるかもしれない」という考えのせいではありません。

　「ガンかもしれない」という考えそれ自体が，ガンであるわけではありません。

　何が言いたいかというと，現実それ自体はあなたの考えではないということです。

　ゾウを見て，「あれはゾウだ」と思ったとする。でも，「あれはゾウだ」という考えそれ自体がゾウなのではありません。それがゾウだったら，あなたの頭の中は大変なことになってしまいます（笑）。

　考えとは，評価とは，判断とは，あなたの頭が作り出した言葉の産物に過ぎないのです。

　マイナス思考を通して現実を見るからつらくなる。

　マイナス思考それ自体を見ればよいのです。つまり，マイナス思考を言葉の産物として眺めることができれば，マイナス思考の持つ毒性はなくなります。そして，それを可能にしてくれるのが，マインドフルネスなのです。図6を用いて説明すると，マイナス思考と現実の間の「＝」を断ち切る力を与えてくれるのが，マインドフルネスです。

　まえにお話しした認知療法とは，効くところが違っていますね。認知療法が，認知（物事のとらえ方）の内容を変えるのに対して，マインドフルネスは認知の機能を変えるわけです。機能とは，「作用」とか「働き」という意味です。つまり，これまで現実と結びつけてしまうせいであなたをつらくさせてきたマイナス思考を，「単なる言葉の産物」として眺めるこ

とができるようになることで，あなたをつらくする働きがなくなるわけです。

　マイナス思考というフィルター越しに現実をみるからつらくなる。マインドフルネスは，そのフィルターをなくす営みではありません。「フィルターをなくす」というのは，「フィルターがなくなった vs まだある」という二項対立なので，自分をつらくしてしまいます。そうではなく，目の前から優しくそのフィルターを外して手元に置いておく。そんな営みです。そうなると，フィルターを通して現実を見ようとしなくなるので，フィルターがあってもなくても問題ないですね。

　こんなふうに，マインドフルネスはマイナス思考と距離をとる力を育ててくれるのです。心の硬さとは，思い込みの強さでもありました。思い込みというフィルターを，いつでも自由に外すことができる。思い込みに囚われなくなるこうした力は，心の柔軟性の大切な要素になります。マインドフルネスは，そうした意味であなたの心の柔軟性を育むとても強力な味方になってくれるのです。

マインドフルのスイッチを押そう

　生きづらさのワケには，「体験の回避」もありましたね。マイナス思考や嫌な記憶，感情といった不快な内的体験を避けようとすることで，ますますその不快な内的体験は強められるのでした。

　大切な人が亡くなった。

　不治の病にかかったことを知った。

　信じていた人に裏切られた。

　元の状態には戻らない障がいを得た。

　住んでいた家や職を失った。

　生きていると，実際につらいことは何度も起こります。それ自体の苦しみは，決して否定できません。

　でも，です。その苦しみから逃れるために，何かをやってみて，本当にそれでうまくいったでしょうか。そのことばかり考えてしまうと，もちろん苦しい。でも，それを考えないようにするために，いろいろやってみても，結局考えたくないそれが頭の中でどんどん大きくなりはしなかったでしょうか。こうしたとき，僕たちはよくないとわかっていても，一時的にでもそうしたつらさを忘れられそうなことに向かってしまうことがあります。酒におぼれる。自傷行為にふける。何も考えないように横になる。そうやって，苦しみを避けようとしても，苦しみから逃れられはせず，より大きくなったと思うのです。僕たちが普段使う「苦悩」という言葉が示すものは，これなのです。

　1．生きづらさの章の《3》体験の回避編では，こんな法則をお伝えしました。

" 不快な内的体験を避けようとすれば，逆にそれを引き寄せることになる "

　苦しみを避けようとすればするほど，それがどんどん大きくなる。
　苦しみをコントロールしようとすればするほど，自由が奪われる。

　そうやって，これまでしてきた「苦悩」への対処でうまくいかなかったのなら，そろそろ別の対応も取り入れてみませんか。
　別の対応の１つとして，あなたにはマインドフルのスイッチを押していただきたいのです。人生には，間違いなくつらい出来事は起こる。それ自体を変えることは，僕たちには不可能です。
　でも，それとどう向き合うかは，僕たちが決めることができます。どんなにつらい出来事に見舞われても，マインドフルのスイッチは，誰のものでもない自分自身のものなのです。
　どんなにひどい体験であっても，それにマインドフルに向き合おうとするのは，「慈しみ」でもあります。慈しみとは，無条件の思いやりです。
　なぜ慈しみといえるか。それは，どのような体験であれ，今この瞬間における自分の体験をありのまま受け止めているからです。どのような体験も，打ち捨てたり，忌み嫌ったりしない。打ち捨てたいとか，嫌悪してしまいそうになる気持ちが起これば，それすら関心をもって味わってみる。あらゆる体験に，気づきを行き渡らせることができる。そうやってありのままの自分に関心をもって注意を向けることは，慈しみ以外の何ものでもありません。
　１．生きづらさの章では，認知的紐づけと体験の回避が生きづらさをもたらすとお話ししました。認知的紐づけが「鵜呑みにし過ぎる」だとすれば，体験の回避は「避け過ぎる」です。どちらも距離感が極端です。それに，つらい出来事に対して鵜呑みにするか避けるかという選択は，「鵜呑みにする vs 避ける」であり，僕たちになじまない二項対立です。
　生きているとさまざまな苦しみに出会う。これは，僕たち人間の標準的な在りようです。それに，あれこれと認知的紐づけをして余計な苦悩を深めてしまう。苦しみを避けようとして，余計に苦悩を深めてしまう。そんなふうに，本来の苦しみに余計な苦悩を上乗せするのではなく，ただその苦しみを「自分の人生にあるもの」としてあるがままに──マインドフルに──受け容れてみませんか。一度しかない人生だからこそ，心を開いて今ここでの体験をマインドフルに感じてみませんか。
　マインドフルのスイッチを押すか押さないかは，あなた次第です。

マインドフルネスを始めるための準備運動

　それでは，これからマインドフルネスのワークを紹介します。マインドフルネスのワークといっても，たくさんあります。「今ここでの体験に評価や判断を交えず関心をもって注意

を向ける」というエッセンスを取り入れていれば，もうそれは立派なマインドフルネスになるからです。あらゆる体験に開かれているからこそ，マインドフルネスのワークはいくらでも生まれるのです。なので，あなたにも自分だけのマインドフルネスを考えていただけたらと思います。そのためのコツは，このあとの話をじっくり聞いていただくと，だんだんわかってきます。

　そのまえに，あなたにはマインドフルネスを存分に楽しんでいただきたいので，いくつか大切なことをお伝えします。マインドフルネスを始める準備運動のつもりで聞いてください。

・マインドフルネスをするときの基本的な態度

　自分に起こっていることを，「今どんなことを感じているんだろう」と，関心をもって優しく観察します。「関心をもって優しく」というのは，換言すると穏やかな好奇心をもってということです。

　自分の体験を，一切コントロールしようとせず，ありのまま味わいます。不快な体験は手放したくなるでしょうが，そうした気持ちも含めてあれこれ評価や判断を交えず味わいます。

　途中で雑念が浮かんで注意が逸れてしまったら，そうした心の動きをねぎらい，ゆっくりとマインドフルネスのワークに戻ります。そうした心の動きを否定したり，あわててワークに戻ったりする必要はありません。雑念が浮かんだり注意が逸れたりするのは，心の自然な動きです。そうやって普段から絶え間なく動き続けている心を，「いつもお疲れさま」と優しくねぎらってください。そして，ゆっくりとマインドフルネスのワークに戻ればよいのです。

　マインドフルネスは，少しの時間から始めて結構ですので，歯みがきをするくらいの軽い気持ちで毎日続けてください。毎日，ほんの少しの時間でもマインドフルネスを行うことで，「今，この瞬間をありのまま味わう」感覚は少しずつ育っていきます。

・マインドフルネスを誤解しないでください

　マインドフルネスは，つらさや苦しさを弱めたり，そこから逃れたりする手段ではありま

せん。気晴らしやリラクセーションでもありません。マインドフルネスは「自分の体験を，評価や判断を交えず，コントロールしようとせず，関心をもって注意を向ける」ことです。なので，苦悩から逃れるためにマインドフルネスをしようとすれば，それは「苦悩をコントロールしようとしている」ことになります。それは，本来のマインドフルネスから外れてしまいます。

　マインドフルネスは，マイナス思考と現実を断ち切る力を与えてくれますから，結果として生きづらさが和らぐということはありえます。でもそれはあくまでも結果としてです。

　最初から「良いことがある」ことを期待してマインドフル

ネスをしようとするのは，本来のマインドフルネスではありません。

　とはいえ，「つらさや苦しさから逃れるためにマインドフルネスをしよう」という思いを，マインドフルに受け止めることは可能です。ここが，マインドフルネスのとっても面白いところであり，マインドフルネスの大いなる強みでもあります。マインドフルネスは，あらゆる体験に開かれている。あなたのどんな思いでも，たとえそれがどんなに醜かろうが卑しかろうが，マインドフルに味わうことができるのです。

　マインドフルネスを通して，自分の体験に少しずつ開かれていく。そうして，あなたの心の柔軟性はじっくりと育まれていきます。

・手ごたえのあるものから手ごたえのないものへ

　これから紹介するマインドフルネスは，まず呼吸や体の感覚に対するワークから紹介します。こうした身体感覚は，今ここでの体験をありのまま味わう手ごたえがあるので，最初のマインドフルネスとしてはわかりやすいと思います。

　それに比べて，思考や感情といった内的体験は，頭に浮かぶ実態のない産物なので，手ごたえを感じにくい。なので，最初から思考や感情のような内的体験をターゲットとしてマインドフルネスを始めると，マインドフルの実感がわかりにくいこともあります。

　呼吸や体の感覚のような手ごたえのあるものからマインドフルの感覚を高めていくことで，そのうち思考や感情のような内的体験をマインドフルに眺めることができるようになります。

手ごたえのある感覚を用いたマインドフルネス

　それでは，これからいくつかマインドフルネスのワークを紹介します。自分にあったものを通して，日々マインドフルネスを行ってみてください。そうすると，あなたのマインドフルの感覚──今・ここでの体験をあれこれ評価せずありのまま味わう力──は，じっくりと確実に育まれます。とはいえ，さっきも述べたように，最初は呼吸や体を用いたマインドフルネスを試して，マインドフルの感覚を高めてから，考えや感情のような内的体験へのマインドフルネスに進んでください。その方が，きっとうまくいきますから。

メンタルストレッチ：マインドフルネス呼吸法

　呼吸に注意を向けることによって，マインドフルの感覚を磨いていきます。普段僕たちが何気なくしている呼吸は，「何気なく」しているからこそマインドレスに行っているのです。その呼吸を，マインドフルにしてみようというわけです。

　とはいえ，試していただいたらわかりますが，気づくとすぐに呼吸から注意が逸れてしまい，ほかのことを考えていたり，眠っていたりします。それって，いかに僕たちが普段マインドレスに暮らしているかということですね。

　なので，呼吸に注意を向けることは，初心者の方からベテランの方までマインドフルの感覚を磨く格好のワークとなるのです。

　進め方はとっても簡単です。たぶん1回で覚えられると思います。というのが，目を閉じて呼吸に注意を向ける。注意が逸れたのに気づいたら，ゆっくりと呼吸に戻る。その繰り返しだからです。簡単でしょ。でも，奥が深いんです。

　取り組む時間は，5分間です。意外と短いと思いませんか。短めの時間にしているのは，あなたに無理なく続けてほしいからです。その5分間も，慣れてくるとあっという間に感じるようになります。なので，慣れてくれば「10分間してみよう」とか，あなたの好みで時間を区切っていただいたらいいですからね。

進め方

①椅子に座るか床に座ります。椅子に座る場合は，両足を床にしっかりとつけて安定した姿勢を保ちます。床に座るのでしたら，胡坐がやりやすいでしょう。この場合も，ぐらぐらしたりせず，安定した姿勢を保ちます。どちらの座り方にしても，背筋を伸ばして行います。背筋を伸ばす理由は，そうすることで自分の呼吸がはっきりと感じやすくなるからです。座ってするのがつらい人は，横になってしても構いません。

②マインドフルネス呼吸法は，寝る前や休憩中など，あなたが取り組みやすい時間でしたら，いつしても構いません。時間が気になってはマインドフルネスのワークになりませんので，スマホか何かでタイマーをセットしておきましょう。

③座ったら，軽く目を閉じます。眠ってしまいそうな人は，少しだけ目を開けて，1〜2メートル先の床に目を向けておきます。

④では，呼吸に注意を向けます。注目する体の部位を決めておいた方がやりやすい人は，お腹や鼻など自分の呼吸をもっとも感じられる部位に注目しながら，呼吸を感じます。呼吸の速さを，あなたが調整する必要はありません。そのときの体が行う呼吸に，ただ注意を向けていればいいのです。

⑤途中，呼吸から注意が逸れていることが何度もあります。それに気づいたら，ゆっくりと呼吸に戻ります。注意が逸れた対象に意識が奪われてしまい，「呼吸に注意を戻したくない」というときもあるでしょう。そうしたときも，「呼吸に注意を戻したくないんだね」と，自分の思いにマインドフルに気づいたあとに，ゆっくりと呼吸に戻ります。

　注意が呼吸から逸れているのに気づくたびに，ゆっくりと呼吸に戻る。その繰り返しで，ひたすら呼吸を存分に味わいましょう。

⑥タイマーがなったら，ゆっくりと目を開き，普段の生活

に戻りましょう。もちろん，タイマーをセットせずに，ご自分の納得した時間に終えても構いません。

メンタルストレッチ：ボディスキャン

ボディスキャンとは，体中にまんべんなく注意を向けて，その部位の感覚をマインドフルに味わうワークです。このワークも，とってもシンプルですので，すぐにやり方を覚えられるでしょう。

ボディスキャンを何度もしているうちに，自分の体の感覚に気づきやすくなります。それだけ，マインドフルの感覚が育ってきているということですね。

進め方

①布団の上に仰向けになります。もちろん，椅子に座って行っても構いません。椅子に座るのでしたら，背もたれに背中を預け，ゆったりと座ってください。

②軽く目を閉じて，2，3回ゆっくりと呼吸をします。

③それから，体の各場所に順番に注意を向けていきます。注意を向ける順番は，頭から足先でも，足先から頭でもどちらでも構いません。

④体に注意を向けるとき，「足」と大きく向けるのではなく，「足裏」「足指」「ふくらはぎ」「膝」「太もも」と細かく注意を向けた方がうまくいきます。

⑤途中で，ほかのことに注意が逸れたり眠ったりしているのに気づいたら，そうした心の動きを「いつもお疲れさま」とねぎらい，また注意を向けていた部位にゆっくりと戻ります。

⑥体のどこかに注意を向けているときに，位置や姿勢が気になっても直さないでください。直そうとするのは「コントロールしよう」という気持ちの表れであり，マインドフルではなくなります。その代わり，「姿勢が気になったんだね」とその思いをマインドフルに味わってみましょう。

⑦先ほどと同じように，体の各部位に注意を向けていたときに，「肩がこっている」とか「喉が痛い」とか「背中がかゆい」とか感じても，それを何とかしようとしたり嫌がったりせず，そのまま感じてください。

⑧体の先まで進んだところでおしまいです。全身は時間がかかるから，上半身や下半身だけしてみるというのでも構いません。最後に，「いつもお疲れさま。そして，いつもありがとね」と優しく自分の体に声をかけてあげてください。寝る前にしていたのでしたら，そのまま眠っていただいてもいいですし，起きて日々の営みに戻っていただいても構いません。

以上が，呼吸や体など，手ごたえのある感覚を用いたマインドフルネスワークになります。呼吸法とボ

ディスキャンは，どちらを行っても構いません。自分に合った方を選んでください。そして，短い時間でよいので毎日続けてみてください。たった10秒でも呼吸法をしたのなら，「今日やった」とカウントしたらよいです。ほんと，それくらいの軽い気持ちで続けてください。

　そのうち，「なんとなくわかってきた」と思えたら，次の内的体験のマインドフルネスに進みましょう。そうすると，考えや感情といった手ごたえのないものでも，マインドフル（今・ここでの体験をあれこれ評価せずありのまま）に受け止めることができるようになるでしょう。

内的体験へのマインドフルネス

　では，ここからはいよいよ考えや感情，記憶といった内的体験のマインドフルネスをしてみましょう。マインドフルネスは，認知的紐づけのうちの2つ目，つまりマイナス思考と現実の紐づけを断ち切る力となるものでしたね。この「内的体験へのマインドフルネス」は，まさにそのための営みとなります。

　まず，内的体験をマインドフルに眺めるということを，リアルに実感できるワークをしてみましょう。これからやっていただくことは，あらかじめ頭に入れておいた上で試していただきたいので，まずは次の話をよく聞いてください。

気づきのワーク：内的体験を眺める

　目の届く範囲にある物を1つ選び，それをただ眺めてください。このとき，何らかの評価や判断をしてしまいそうになったら，「それは置いといて」とつぶやき，ただ物を眺めるのに徹します。10秒ほど経ったら，今度は別の物を1つ選び，また10秒程度ただ眺めてみます。10秒ほど経ったら，別の物を1つ選び，10秒程度眺めてください。それが終わったら，静かに目を閉じて頭に浮かんでいること（考えや感情）があれば，それを同じように10秒程度眺めます。10秒ほど経ったら，頭に浮かんでいる別のことを10秒程度眺めます。それが終わったら，ゆっくりと目を開けて目の前にある物を1つ選び，10秒ほど眺めて終わりです。

　10秒は厳密に計らなくていいですからね。時間に気を取られたら，これからあなたに体験していただきたいことがはっきりしなくなります。

　やることをもう一度整理しましょう。

　「近くにあるものを眺めて10秒ほど経ったら視線を違うものに移す。それを3回ほど繰り返したら，目を閉じて頭に浮かんでいることを眺める。10秒ほど経ったら，頭に浮かんでいる別のことを眺める。そのあと目を開けて，近くにあるものを10秒ほど眺めて終わり」
　以上です。

　準備はいいですか。1分程度で終わりますので，試してみてください。

やれそうと思ったら，あなたがそれを終えるまで待っていますから，始めてみましょう。

　さて，試してみましたか？　試してみたら，少し不思議な体験ができたのではないでしょうか。あなたが自分の目で実際に眺めていた物と同じ感覚で，頭に浮かんでいることを眺めることができたのが，少しでも「わかった」と思うのです。そのとき何をしていたかというと，自分の頭の中に浮かんでいることを，実際に目で見える物と同じように，「あれこれ評価したり判断したりせず」ただありのまま眺めていたのです。

　見えている物をただ眺めても，あなたの心を揺さぶらなかったのと同じように，頭に浮かんでいることをただ眺めることができれば，それによって心が揺さぶられることはありません。マイナス思考と現実の紐づけを断ち切るとは，このような体験をいいます。こうしたことが，マインドフルの感覚を磨くことによってできるようになるのです。

　では，これからあなたには，思考や感情といった内的体験をマインドフルに眺める力を育てるワークを2つ紹介します。1つ目は「ナレーションワーク」，2つ目は「雲のワーク」です。どちらも簡単にできますが，僕は特に雲のワークがおすすめですね。

メンタルストレッチ：ナレーションワーク

　ナレーションワークは，そのときどきに頭に浮かんでいる思考や感情，記憶を，ナレーションするように味わうワークです。別の言い方をすると，自分に起こっていることを実況中継するような感じです。

　頭に浮かんだ思考や感情，記憶に対して，それぞれ次のようなやり方で進めていきます。どれも内的体験のあとに「という考えに気づいた」とか「という感情に気づいた」のような言葉を付け足すだけの，とても簡単な方法です。これを繰り返すことで，不快な内的体験に巻き込まれずに，距離を置いてそれらを眺めることができるようになります。

進め方

【思考】頭に浮かんでいる考えに気づいたら，その考えのあとに「という考えに気づいた」と付け足してください。そうすることで，マイナス思考を通して自分や世の中を眺めるのではなく，マイナス思考それ自体を眺めることができます。

　「ほんとにそんなことできるのかよ」と考えたのに気づいたら，「ほんとにそんなことできるのかよという考えに気づいた」と付け足してみるのです。

　試しに，なにかマイナス思考が浮かんで

いるのに気づいたら，まずそのマイナス思考だけを頭の中で繰り返してみてください。そして，そのあと「○○という考えに気づいた」と頭の中で繰り返してみてください。そうすると，両者がまったく違う体験なのがわかります。

【感情】怒り，嫉妬，不安，悲しみ，憂うつ，パニック。こうした不快な感情が沸き起こってきたら，「○○という感情に気づいた」と，思考と同じように付け足してみます。

　「腹立つわぁ」と「腹立つわぁという感情に気づいた」とは，だいぶ雰囲気が違いますね。ナレーションをつけることによって，距離を置いて自分の内的体験を眺めることができるのです。

【記憶】記憶は，思考のように浮かんでくることもあれば，出来事が映像として浮かぶこともあります。不快な記憶についても，これまでと同じように「○○という記憶に気づいた」と付け足します。

・雲のワーク

　次に，雲のワークを紹介しましょう。雲のワークは，イメージを用いてマイナス思考や嫌な記憶，感情などと距離を置ける簡単な方法です。

　することは，次のような感じです。

　目の前に手頃な大きさの雲が浮かんでいます。嫌な思考や感情，記憶に気づいたら，それを雲にそっとのせる。そうすると，雲は空に向かって自然と昇っていき，空高くふんわり浮かぶ。あなたは，考えなどをのせた雲がゆっくりと昇っていくのをぼんやり眺めているだけです。

　考えや感情などを雲にのせるときに，「そっと大切に」のせてあげてください。嫌々のせようとしたり，サッとのせようとしたりするのは，その考えや感情を早く手放したい気持ちの表れです。そんなことしても，「不快な内的体験を避けようとしたら，逆にそれを引き寄せることになる」という法則によって，余計につらくなるだけです。

　マインドフルネスは，何かをコントロールすることではありませんでしたね。今ここでの体験をありのまま関心をもって味わってみる。そうしたマインドフルの心を育てるために，雲に考えや感情をのせるときは，「そっと大切に」のせてあげてほしいのです。

　このワークに慣れてくると，あとで伝える進め方にも述べている通り，あなたが不快な内的体験と程よい距離を取りたいときは，いつでもこれを使うことができるようになります。雲のワークによって，不快な内的体験をマインドフルに眺められるようになるのです。

　一つひとつの考えは，いつも心の中にあるわけではありません。鵜呑みにしたり避けようとした

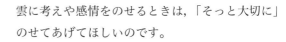

り，その考えと不毛な闘いを続けるから，ずっとそこにあるように思えるだけなのです。考えは，それをあなたが考えているときだけ頭に浮かんでいるに過ぎない。それが，この雲のワークで実感できるようになります。それがわかったら，あなたはマイナス思考に振り回されることなく，自分のしたいことがもっと伸び伸びとできるようになるでしょう。

メンタルストレッチ：雲のワークの準備運動

雲のワークをより楽しんでいただくには，雲のイメージがカギになります。なので，まずは雲のイメージを作り出す練習から始めてみましょう。

①ゆっくりと目を閉じます。そして，次のような場面を想像してください。暖かくて晴れ渡ったお外にいます。想像の中のあなたは，のんびりと座っています。

②目の前に，手頃な大きさ（肩幅くらい）の白い雲をふんわりと浮かべます。

③雲をイメージしたら，それがゆっくりと空に向かって昇っていく様子を眺めてください。

④雲が空に舞い上がってふわふわと漂っているのを眺めたら，また目の前に手頃な大きさの白い雲をふんわりと浮かべて，それがゆっくりと昇っていくのをのんびり見上げます。

⑤途中，雑念がわいたり，別のことに気を取られたりしているのに気づいたら，そうなったことを優しく認めたうえで，ゆっくりと雲のイメージに戻りましょう。

⑥以上のイメージを，しばらく試してみてください。雲のイメージができるようになれば，次の「基本のワーク」に進みましょう。

雲がどうしても昇らない，またはぎこちない昇り方をする人は，まず風船で試してください。目の前に浮かんでいる風船の紐を，あなたは持っています。紐を手放すと，風船はふわふわと空に向けて昇っていきます。そのイメージを何度かしてみたあとに，風船を雲に置き換えてみてください。

メンタルストレッチ：雲のワーク（基本のワーク）

①ゆっくりと目を閉じます。そして，次のような場面を想像してください。暖かくて晴れ渡ったお外にのんびりと座っています。目の前には，手頃な大きさの白い雲がふんわりと浮かんでいます。

②考えや感情など，頭に浮かんでいることに意識を向けてみます。思い浮かんだ考えや感情は，目の前に浮かんでいる雲に，1つずつそっと大切にのせてください。

③頭に浮かんでいたものを雲にのせると，その雲はゆっくりと空に向かって昇っていきます。このとき，その雲を急いで持ち上げようとしたり，下から風を起こして早く上げようとしたりする必要はありません。その雲は，あなたが考えや感情をのせたら，ひとりでにゆっくりと空に昇っていくのです。あなたはただ，昇っていくその雲をのんびり眺

めていればよいのです。

④空を見上げると，さっきの雲が空高くふんわりと浮かんでいます。別の考えや感情など
　が頭に浮かんだら，今度は目の前にある別の雲にそれをそっと大切にのせましょう。

⑤先ほど同じように，雲がゆっくりと空に向かって昇っていく様子を，ぼんやりと眺めて
　いましょう。空は広いので，どんなに雲を浮かべても，それでいっぱいになるというこ
　とはありません。

⑥以上のワークを，毎日5分間試してみてください。時間が気になってはマインドフルネス
　のワークになりませんので，スマホか何かでタイマーをセットしておきましょう。マイン
　ドフルネス呼吸法と同じく，慣れてくればあなたの好みで時間を延ばしても構いません。

メンタルストレッチ：雲のワーク（応用のワーク）

①不快な考えや感情，記憶に気づいたら，眼を開けたまま目の前にある雲にそれをそっと
　大切にのせます。目を閉じた方がやりやすいようでしたら，眼を閉じてしても構いません。

②それがのったら空に向かってゆっくりと昇っていく雲を見送って，あなたが今ままでし
　ていたことに戻りましょう。どこかに向かっている途中でしたら，そちらに向かって歩
　いてください。デスクワークをしていたら，その仕事を進めてください。家事をしてい
　る最中でしたら，その家事に戻ってください。その場に立ち止まって，空に浮いている
　雲を見続ける必要はありません。

③雲のワークは，慣れてくるとこんなふうに不快な内的体験を，避けたり鵜呑みにしたり
　することなく程よい距離をとり，今していることに戻ることができる，日常生活で使え
　るマインドフルネスに応用することができます。

　以上が，マインドフルの感覚を無理なく育てるワークです。

　いずれのワークも，最初はピンとこないと思います。それでよいのです。だって，最初か
らピンときたら，あなたはすでにマインドフルの感覚が十分に育っていたということですか
ら，ワークをする必要もありません。

　ここで紹介したワークを，毎日楽しんでください。時間をかけることにめんどくささを感

じたら，5分程度の短い時間で構いません。もちろん，それより短くても大丈夫です。毎日少しの時間でも続けることによって，あなたのマインドフルの感覚は，少しずつ磨かれていきます。そうすると，だんだんと不快な内的体験をありのまま受け止めることができるようになります。

簡単にできるマインドフルネス的暮らし

　《5》認知療法編では，認知療法を暮らしの中に簡単に取り入れる工夫についてお話ししました。もちろん，マインドフルネスにもそうした暮らし方はあります。というよりも，マインドフルネスに慣れてきたら，きっと普段の暮らしのさまざまな体験をマインドフルに味わってみたくなると思います。

　マインドフルネスのエッセンスは，「今ここでの体験」に「評価や判断を交えず」「関心を持って注意を向ける」ということでしたね。このエッセンスを暮らしの中に取り入れるとすれば，「今ここでの体験に関心をもって注意を向ける」ということと，「評価や判断を交えずに関心をもって注意を向ける」という2つの態度を意識すればよいことになります。

　マインドフルネスは，換言すると「今を存分に味わう力」のことでもあります。「今ここでの体験に」「評価や判断を交えずに」関心をもって注意を向けることとは，つまりそういう力のことをいうわけです。

　マインドフルネスを日々の暮らしの中に取り入れると，次のような感じになるでしょうか。

　今を存分に味わう。
　良い悪いの評価をすぐにしない。

　この2つを意識して暮らすだけで，マインドフルの感覚を無理せず育てることができます。マインドフルとはどんな感覚か，もうあなたはイメージできますね。「今この瞬間を，評価や判断にとらわれることなく，ありのまま存分に味わう感覚」といったイメージです。マインドレスは「心ここにあらず」の状態であり，マインドフルは「気づきが行き渡った」状態です。僕たちの暮らしを，マインドレスからマインドフルに舵を切る。そうしたことが，マインドフルネスによってできるようになります。

　もちろん，人間ですからマインドレスになることもあります。心ここにあらずで，知らないうちに評価や判断を下して苦しむようなこともあるでしょう。そうしたこともあっていいと思うんです。マインドレスに対応するからこそ，楽に乗り切れることもあるでしょうし。

　マインドレスかマインドフルかといった選択は，二項対立です。二項対立は，僕たち人間の営みになじみません。マインドレスに暮らすこともあれば，マインドフルに暮らすこともある。どちらかに偏った暮らしではなく，いろんなことをおおらかに体験する。そんなふう

に，生き方の幅を広げることも，豊かな人生を支えてくれるのです。

　マインドフルの感覚を育てていくことは，誰にもできます。

　想像してください。今自分が体験していること。会話にしても，食事にしても，なんであれ，マインドフルに体験することができる。つまり，今この瞬間を，心の中の評価にとらわれることなく，ありのまま存分に味わう感覚が高まった状態で暮らすことができる。それは，豊かさだと思いませんか？　心を満たすきっかけは，遠いところにあるのではなく，すぐそこにあるのです。

・今を存分に味わう

　お菓子を食べているときのこと。口の中にまだお菓子が残っていてモグモグしているのに，菓子袋の中につっこんだ手は次のお菓子をつまもうとしている。これは，今食べているお菓子を十分に味わえていません。

　こうしたとき，「今を存分に味わう」という工夫を取り入れてみる。お菓子を食べるときは，手元にスマホも持たず，お菓子と無関係なものには目を向けない。ただお菓子と向き合うのです。お菓子を口の中に急いで放り込むのではなく，ゆっくりと入れる。それを噛んでいるときに口の中に広がる味とともに，サクサク，ポリポリした食感を楽しむ。それらを音で感じることもできます。目を閉じて食べると，なおさら口の中にあるお菓子との良縁が結ばれるでしょう（笑）。

　お菓子の話からもわかったように，今を存分に味わうために使える力は，「体の感覚」です。つまり，見る，聞く，触れる，味わう，嗅ぐという五感を用いればよいのです。もちろん，別のことに気を取られることもあります。別のことに気を取られていることに気づいたら，「今を存分に味わうなんて無理だ！」とあきらめたりする必要はありません。むしろ，別のことに気を取られていることに気づいたご自分を喜んでください。今この瞬間に戻ってきたからこそ，別のことに気がとられたことに気づけた。それこそ，マインドフルにほかなりません。そうして，ゆっくりと今味わっていたものに戻ればよいのです。

　ところで，「今ここ」での体験に気づきを向けることを重視するマインドフルネスのことを，次のように考える人もいます。

　「今だけを生きるというのは刹那的だ」

　つまり，後先のことを考えずに今この瞬間を充実させる生き方は，よくないのではないかというわけです。同じような心配を，もしあなたもしたのなら，僕はそこに強い希望を感じます。だって，そんなふうに心配するのは，「自分の人生を，真に豊かなものにしたい」という気持ちの表れですから。

　マインドフルネス的暮らしは，決して将来

をないがしろにするものではありません。将来の不安から目を逸らすために，マインドフルネスを行うのでもありません。むしろ，マインドフルネス的暮らしは，豊かな将来に開けているのです。

　そのときどきの自分にマインドフルに気づき，今を豊かにする暮らしを積み重ねることによって，未来は明るくなります。人間関係にマインドフルの感覚が取り入れられれば，僕たちはありのままの相手の語りを，そしてそのときどきの相手のありのままを受け止めることができるでしょう。そうやって，相手を大切にすることで，その人との未来はより豊かな関係が育まれることになります。

　世界をマインドフルに体験し，一人ひとりが今を豊かに暮らす。大げさに聞こえるかもしれませんが，そうした体験が多くの人の間で広がることによって人類の未来も明るくなるだろうと思うのです。

　マインドフルネスは，過去を否定するものでも決してありません。僕たちは，過去を回想して思い出にひたることがあります。大切な人との出会い，若いころの喜びや苦労など，過去のさまざまな体験を思い出すことで感じる今の気持ちをマインドフルに味わう。それも，僕たちに豊かさをもたらす大切な体験となるでしょう。

　"今"という自分が最もアクセスできる場を通して，自分の体験を存分に味わう。そこでは，決してマインドフルに味わってはならない世界などありません。マインドフルネスは，あらゆる体験に開かれているのです。

　生活の中に無理なくマインドフルネス的暮らしを取り入れる。そうやって，一緒に「今を存分に味わう力」を育てていきましょう。

・良い悪いの評価をすぐにしない

　この工夫も，先ほどの「今を存分に味わう」という暮らし方同様にとてもシンプルです。「すぐに決めつけずに暮らしてみよう」という提案です。

　相手の一方的な言い方に，「こいつはほんと嫌なやつだ！」と思った自分に気づいたら，いったん棚上げする。そして，相手の話をマインドフルに聞いてみる。

　病院での待ち時間が長くて，「遅いなぁ，まだかよ」と思った自分に気づいたら，いったん棚上げする。そして，そのときの自分の呼吸でも周りの音でもなんでもよいのでマインドフルに味わってみる。

　家族から痛いところを指摘されたときに，「おまえだって！」と思った自分に気づいたら，いったん棚上げする。そして，家族の言い分をマインドフルに聞いてみる。

　外から子どもたちの遊び声が聞こえてきたときに，「うるさいなぁ」と思った自分に気づいたら，いったん棚上げする。そして，子どもたちの声にマインドフルに耳を傾ける。

　ここで挙げた例の中には，「気づく」というプロセスが必ず入っています。マインドフルネスが「気づきが行き渡った状態」というのはこういうことです。

　すべての例をよく見てください。判断や評価はそれぞれ異なりますが，どれもベースは「良

いか悪いか」という評価軸なのに気づきませんか。「一方的に言うこいつは悪い」「待ち時間が長いのは悪い」「自分を棚に上げて痛いところを突いてくる家族は悪い」「大きな声で遊ぶ子どもたちは悪い」

　そうやって，「良い悪い」ですぐ評価しようとするから，腹が立ったり，落ち込んだりするのです。すぐに決めつけずに暮らしているときのことを想像してみてください。怒りやら嫉妬やら不快な感情に巻き込まれることなく，伸び伸びと過ごすことができる。考えただけで気持ちよいと思いませんか。マインドフルネスは，そうした見晴らしのよさ，視界の拡がりをもたらしてくれます。

　僕も，マインドフルネスを知ってから，できるだけ「良い・悪い」というものさしで身の回りのことを測らないようにしようと心がけるようになりました。それまでは，もうほんとしょっちゅう「良い・悪い」のものさしでいろんなことを測りまくっていました。

　僕たちが「良い」とか「悪い」と評価する基準はどこにあるかというと，自分の持っている価値観になるわけです。よく知らないことを，「良い・悪い」で評価してしまうと，それは結局自分の持っている価値観で世界を色づけしてしまうことになります。寿命を迎えるそのときまで，今まさに体験しようとしていることを「わかったふう」に理解して自分の狭い枠の中に押し込めてしまう。そうやって世界を狭めてしまうのって，もったいないと思いませんか。だから，僕は人との会話にせよ，見るもの味わうもの何でも，すぐに良いとか悪いとか判断しないようにしようと決めたのです。

マイナス思考と現実の紐づけを断ち切る

　マインドフルネス的暮らしのヒントは，以上2つです。長々とお話ししましたが，ようは良い悪いの評価をすぐにせずに今を存分に味わうことができれば，それはもう立派なマインドフルネス的暮らしです。日々の生活に，この2つを取り入れる。そうすることで，「今を存分に味わう力」を無理せず育んでください。その力は，豊かな人生を送るために，あなたの心強い味方となってくれるはずです。

　ところで，1．生きづらさの章でこんな話をしたのを覚えていますか。「言葉の産物に過ぎないマイナス思考が，僕たちを苦しめる理由。それは，マイナス思考と現実を結びつけてしまうからだ」と。マイナス思考と現実の紐づけを断ち切る営みこそ，マインドフルネスです。

　マイナス思考を鵜呑みにしたり避けたりする闘いの土俵から降りる。そのために，あなたの頭にマイナス思考が浮かんだら，それを否定も肯定もせず，ただ頭に浮かんだだけということに気づいてあげましょう。そして，今していたことにゆっくりと戻って，今を存分に味わってみてください。こうしたマインドフルネス的暮らしを，あなたのペースで送ることによって，マイナス思考と現実の紐づけを断ち切る力が高まり，今を存分に味わうことができるようになりますからね。

　さて，マインドフルネス的暮らしの話のおわりに，せっかくなので日常の営みを1つ選んで，近いうちに，遅くとも明日までに試してみるマインドフルネス的暮らしを考えてみてください。日常の営みは，食事，歯磨き，入浴，通勤，歩行，香り（お香や花，飲み物，食べ物など，香るものはなんでも）など，なんでも構いません。だって，マインドフルネスは，あらゆる体験に開かれているのですから。

　たとえば，こんなマインドフルネス的暮らしを考えた人がいます。

　晩御飯時，テレビやスマホは消す。これから食べようとするおかずを，まずは目でじっくりと眺めたり，鼻で香りをかいだりしてみる。口にいれて（目を閉じて）ゆっくりと噛みながら，口の中に広がる味を楽しむ。

　入浴時，洗髪を存分に味わう。まず，手のひらにのったシャンプーを顔に近づけて香りをかぐ。そして，それを頭にゆっくりのせて，そのときの頭の感覚を味わう。指でゆっくりと頭皮をこすり，頭皮に広がる感じを楽しむ。

　どれも，なんてことはない日々の営みに，マインドフルネスのエッセンスを加えています。どのように考えてみたらいいか，おわかりいただけたのではないでしょうか。

　では，少し時間をとって，明日までにどんなことをマインドフルに味わってみるかを考えてみてください。忘れないように，考えたことを書き込んで，実際に試してみてくださいね。

思考のトーン（声色）を変える

マインドフルネスの話は，そろそろおしまいにしようと思います。

《6》マインドフルネス編の最後に，オマケをつけておきます。オマケなので，気楽に聞いてくださいね。

マインドフルネスは，認知（物事のとらえ方）の働きを変えることをねらっていました。マイナス思考を通して現実を見るのをやめ，マイナス思考それ自体を眺める。そうすることによって，その考えを骨抜きにすることができるのがマインドフルネスでした。マイナス思考の働きが変わるので，マイナス思考に巻き込まれて生きづらくなるのをやわらげることができるのでした。

実は，もっと単純な方法で，マイナス思考の働きを変えることができるのです。それが，「思考のトーンを変える」です。

たとえば，次のようなケースを想像してみてください。

医者から「大丈夫ですよ」と励まされても，その医者の声が震えていかにも心もとない感じだと，「大丈夫」とはとても思えないですね。

他人から「大変だったね」と慰められても，その人の声が薄ら笑っていたら，全然慰められた気持ちになれないどころか，バカにされたように感じてしまうかもしれません。

でも，「大丈夫ですよ」という励ましを，堂々とした確かな声色で伝えられると，きっと勇気づけられるでしょう。

「大変だったね」と，思いやりにあふれる声で伝えられると，わかってもらえたと思うことができ，穏やかな気持ちになるでしょう。

何が言いたいかというと，「言語と非言語がぴったり一致すると，言葉の力は強まる」ということが言いたいのです。非言語とは，声のトーン（口調）や表情など，言葉以外の要素のことです。

そして，これは実際口から出た言葉だけではなく，思考にも言えることなのです。

あなたは気づいていましたか。僕たちが何かを考えているとき，その考えにはトーン（声色）がくっついていることに。

たとえば，怒りをもたらすような考え。「あいつは非常識なやつだ！」とか「私のことをバカにしている！」と考えているときって，声に出していないにせよ，きっと激しい怒声で考えていますよね。そうすると，怒りはますます沸騰します。

「自分には価値がない」とか「生きていても良いことはない」みたいな考えは，いかにも覇気がない消え入りそうなトーンで頭に浮かんでいるでしょう。それにつられて，気持ちは余計に落ち込んでしまいます。

だとすれば，マイナス思考の働きを変えてあげるにはどうすればよいでしょう。

マイナス思考と相性の悪いトーン（声色）で，マイナス思考を考えればよいのです。

たとえば，怒りをもたらすような考えは，できるだけ優しいトーンで頭の中でつぶやいてみる。不安にさせるような考えは，できるだけウキウキと楽しそうにつぶやいてみる。そんなふうに，マイナス思考といかにも相性の悪そうなトーンでマイナス思考をつぶやくことで，その働きは弱まります。その際，実際に声に出してみると効果的です。

マイナス思考に捕まって，嫌な気分に陥ってしまった。それに気づいたら，その考えと相性の悪そうなトーンでつぶやいてみてください。

もしも，相性の悪いトーンがうまく見つけられなければ，次のやり方を試してみてください。

芸能人でもアニメの登場人物でも誰でもいいので，あなたがめちゃくちゃ好きな人を一人見つけてください。その人物のトーン（声色）を想像できる人がいいです。そして，マイナス思考に捕まったら，その人物のトーンで楽しそうにマイナス思考を頭の中でつぶやいてみるのです。マイナス思考のほとんどは，楽しそうなトーンと間違いなく相性が悪いはず。そのうえ，あなたが好きな人物のトーンで楽しそうにマイナス思考をつぶやかれてしまっては，もうその考えはもとの力が失われずにはいられないでしょう。

この話，気楽に聞いてくださいと言いましたね。なので，この試みも，気楽に試してみてください。その方がうまくいくと思います。

気づきのワーク：怒り思考のトーンを変える

近いうちに腹が立つことがあったら，次のことを試してください。怒りでいっぱいの頭の中には，どのような考えが浮かんでいるでしょう。それに気づいたら，その考えをできるだけゆっくり，そしてできるだけ優しいトーンでつぶやいてみましょう。

心の柔軟性として2つの力を高めるワケ

心の柔軟性を育くむ方法を2つ紹介しました。

　簡単におさらいしておきましょう。

　1つ目は，認知療法です。あることとネガティブな言葉の紐づけを断ち切る力を育てることができます。認知（物事のとらえ方）の内容を変えるわけでしたね。

　2つ目は，マインドフルネスです。マイナス思考と現実の紐づけを断ち切る力を育てることができます。こちらは，認知の働きを変える営みでした。

　どちらも，あなたの心の柔軟性を育む手助けをしてくれます。

　さて，ここで「柔軟性」という言葉に注目してください。

　柔軟性という言葉は，心だけではなく，体にも使います。「体が柔らかい」「体が硬い」という感じで。

　あなたは，体が柔らかいですか？　それとも硬いですか？　僕は，めちゃくちゃ硬いです。体を柔らかくする方法として，柔軟体操（ストレッチ）があります。体が硬い人が，ストレッチを1回やったからといって，すぐに体が柔らかくなるなんてことはありえません。

　その人のペースで毎日ムリせずストレッチを続けていくと，それにしたがって体は少しずつ，そして確実に柔らかくなっていく。心の柔軟性も，それとまったく同じことです。

　ここまで紹介したことを何度かやってみたからといって，すぐに心の柔軟性がもたらされるわけではありません。どちらの営みも，心の柔軟体操（メンタルストレッチ）のつもりで，あなたの生活に無理せず取り入れてください。そのとき，「ちゃんとすべき」と硬くならないでくださいね。だって，心の柔軟性を育もうとするのですから（笑）。

　ところで，認知療法は考え方の幅を広げる力を高めてくれます。つまり，考えの可動域が拡がるので，頭の中にさまざまなアイデアが浮かびやすくなるのです。一方，マインドフルネスは，今を存分に味わう力を高めてくれます。ここまでのところで，「考え方の幅を広げる力」と「今を存分に味わう力」を高めようとしたのには，ワケがあります。

　豊かな人生を送るには，あなたにとって豊かさに向かう行動を選択して，それを存分に味わうことが，きっと力になってくれるはずです。考え方の幅を広げる力をつけておくと，豊かさに向かうための行動のアイデアがたくさん浮かぶようになります。今を存分に味わう力をつけておくと，豊かさに向かうための行動を存分に味わうことができます。だから，この2つの力をここまでのところで養う必要があったのです。

　でも，ここで大きな謎が残ります。「『豊かさに向かう』の『豊かさ』って，どこに向かえばいいの？」と。それこそが，このあとからあなたに伝えたいことなのです。

　そろそろ，この本も佳境──クライマックス──を迎えます。

ちょっとやわらかくなった！

３．価値にかなった暮らしの章

《7》

さらなる一歩

これまでをふり返ると

　豊かな人生を送る話は，いよいよ最終章となります。

　ここまでの話を，一緒に懐かしみながらふり返ってみましょう。

　まず，生きづらさがなぜもたらされるかについて，そのワケを「認知的紐づけ」と「体験の回避」という2つのキーワードからひも解いてみました。あることにネガティブな言葉を紐づけたマイナス思考。それと現実とを紐づけてしまうことによって，言葉の産物に過ぎないマイナス思考が幅を利かすようになるのでした。

　そうした嫌な考えや感情などの内的体験を避けようとすることを，体験の回避といいました。ところが，不快な内的体験を避けようとすればするほど，逆にそれを引き寄せてしまう。こうして，苦悩は深まるのでした。

　そのあと，認知的紐づけや体験の回避に伴う苦悩とうまくつきあうには，心の柔軟性を育めばよいという話をしました。心の柔軟性を育む方法には2つありましたね。

　1つは，認知療法。ここでは，あることにネガティブな言葉を紐づけてしまうのを断ち切る力を高めることをねらいました。あることをいろんな視点から見つめ直すことができると，マイナス思考のパワーは削ぎ落される。それによって，考え方の幅が広がるといった話でした（図7）。

　心の柔軟性を育むもう1つの方法は，マインドフルネスでした。今ここでの体験を，評価や判断を交えることなく，関心をもって注意を向ける。そうした態度が内面化されると，マイナス思考と現実の紐づけを断ち切る力が高まり，今を存分に味わうことができるようになるのでした（図7）。

あなたはなにがしたいですか

　さて，物事をさまざまな視点から眺めることや，今を存分に味わうことが，折に触れてで

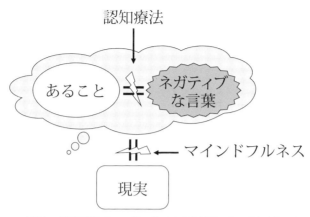

図7　認知療法とマインドフルネスがねらっていること

きるようになったあなたは，次にこんな疑問が浮かんでこないでしょうか。

「このあとなにをすればいいの？」と。

それに対する答えはこうです。

「なにをしても構いません」

　だって，ここまでお話しした営みによって，心の柔軟性を育んできたわけですから。こうあるべきとか，こうしなきゃならないなんて，硬さ以外の何ものでもありません。
　では……。あなたはなにがしたいですか？　あなたが，自分の人生に対して「こうありたい」と願うことはなんですか？

　ここで，ずいぶんまえにお話ししたジェシカさんのことを，もう一度一緒に思い出してみましょう。
　虚無感に悩まされていたジェシカさんは，手首を切るリストカットによって，一時的に虚無感から逃れていました。でも，それをきっかけとして，人目が気になるようになったり，周りからの評価を気にしてしまうようになったりしたわけです。「不快な内的体験を避けようとすればするほど，逆にそれを引き寄せることになる」という法則が効いていますね。
　ところで，ジェシカさんに欠けているものは何だと思いますか？　ジェシカさんに起こっていたことを示した図8をもう一度よく見て考えてください。
　ジェシカさんに欠けているもの。それは，「何かをすることによって得られる満足感や充実感」です。
　1．生きづらさの章では，こんな話をしたのを覚えていますか？

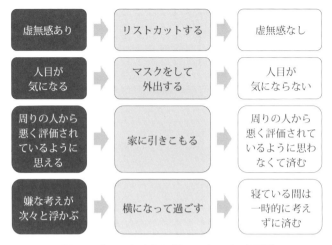

図8　ジェシカさんに起こったこと（再掲）

「行動の動機は2つだけだ」って。

　1つ目は，「"好きなことに向かう"ために行動する」。2つ目は，「"嫌なことを避ける"ために行動する」でした。ジェシカさんは，「嫌なことを避ける」という動機に偏っていたのです。満足感や充実感は，「好きなことに向かう」という動機に基づいた行動によってもたらされます。

《8》
価値にそった行動編
──豊かさに向かわせるもの──

豊かさのキーワードとは

　「好きなことに向かう」の好きなことって何でしょう？　そこに何を持ってくれば，僕たちの人生はより豊かになるのでしょう。

　さぁ，ここまでずっと引っ張ってきた「豊かな人生を送るためのキーワード」を，そろそろお出しするときがきました。

　「知識を増やしたいから勉強をする」
　「人の役に立ちたいからボランティアをする」

　いずれの行動も，「好きなことに向かう」という動機です。前者は「知識を増やしたい」。後者は「人の役に立ちたい」。これらは，その人が大切にしたい"価値"を表しています。

　そうです。僕たちが豊かな人生を送るために力となるもの。それは，「自分の大切にしたい価値」です。

　価値とは何かをお伝えするまえに，あなたにお尋ねしたいことがあります。

　あなたが尊敬したり敬愛してやまない人はだれですか？　身近な人でも，著名人でも，歴史上の人物でも，誰でもよいので一人思い浮かべてください。

　思い浮かべたら，その人のことがなぜ好きなのか，どうしてそんなに尊敬できるのか，そのワケを考えてみてください。

　あなたがその人のことを好きだったり尊敬したりする理由。それは，その人の社会的地位が高いからでしょうか？　莫大な財産を築いたからでしょうか？　きっとそうではないと思います。

　その人の生き方に，尊敬や敬愛の念を覚えるのだと思います。「その人が，何を大切に生きていたか」に，心からしびれるのだと思うのです。つまり，その人の人生に反映された価値に尊敬の念を抱いているのです。

　さて，「価値」がなにか，ぼんやりと見えてきましたね。

　ちなみに，"自分の大切にしたい価値"と"自分の価値"は同じではありません。僕はこれから，「自分の価値を感じながら暮らしませんか」という話をしたいのではありません。

　ついでに言うと，"自分の価値"なんて，どうでもいいと思っています。

　たとえば，こんな人がいたとします。その人は，ある企業に勤めるのを長年夢見てきました。そして，その企業に就職するための努力が実って，見事その企業で働けることになりました。その人は，バリバリ仕事をして，職場の誰からも頼られたり，一目置かれたりしています。この人に，「自分に価値があると思いますか？」と尋ねると，どんな答えが返ってくるでしょう。「もちろんあるさ！」と答えると思います。

　ところがです。世の中がだんだん不景気になり，この企業はリストラをしなければならなくなりました。誰をリストラしようかな……。ということで，なんとこの人に白羽の矢が当たってしまい，会社をリストラされてしまいました。その翌日，行くところもなく，ひとりぽつんと部屋にこもっているこの人に，「自分に価値があると思いますか？」と尋ねました。どのような答えが返ってくるでしょう。「価値なんかない」と言いそうですね。

　この話からもわかるように，「自分に価値があるか？」という問いに対する答えは，そのときの自分の状態によって簡単に変わるのです。そんな不安定な価値を，真に受ける必要なんてまったくない。だから，自分の価値なんてどうでもいいのです。

　さらに言うと，「あなたには価値があるか否か？」という他人からの評価は，もっとどうでもいい。

　たとえば，他人から「あなたって，器が大きいね」とか「あなたって，ほんと素晴らしいですね」なんて褒められたら，「いや，それほどでも」と照れながらも，嫌な気はしないと思います。

　だけどこれが，「あなたって，ほんと器が小さいね」とか「あなたって，神経質だよね」のように，嫌なことを言われると腹が立ちませんか？　このとき，腹が立って当たり前なんです。「あなたにわたしのなにがわかって，そんなこと言えるんだ」ってことだからです。

　人には，その人にしかわからない事情を抱えています。その事情とは，生まれてから今日にいたるまでのあらゆることから構成されるものです。他人が，その人の膨大な事情を理解することなんて，不可能です。その人の全体がわからないのに，「あなたはあーだ，こーだ」と，僕たちは本当のところ他人のことを評価することなんてできないのです。

　だから，「あなたには価値があるかどうか？」という他人からの評価は，もっとどうでもいいといえるんです。

　とにかく，これからお話しする"価値"とは，"自分の価値"のことではないということを，まずご理解ください。

価値とは自分の大切にしたいこと

　これからお話しする価値とは，"自分が大切にしたいこと"です。

　それは，決して何かの結果であったり，到達点であったり，所有物であったり，自尊感情であったりしません。価値を人が豊かに生きていくための指針として認知行動療法に取り入れたヘイズとスミスによれば，価値とは"方向"であると説明しています（Heyes & Smith, 2015）。つまり，価値とは，どこに向いて進めばよいかという方向を示すものです。

　たとえば，「家族を大切にしたい」という価値を持っていた人がいたとします。

　この場合,何かができたから,「よし,これで家族を大切にするという価値は完了した。いっちょ上がり！　あとは,自分の好きにさせてもらうよ」なんてことにはなりません。何かの結果や到達点ではないとは,こういうことです。家族を大切にするために,借金して家を買った。でも,それをもって家族を大切にしたいという価値がまっとうされたわけではありません。価値とは,所有物でもないというのは,こういうことです。「家族を大切にしたいと考えている俺って最高！」のような自分を認める気持ちが,「家族を大切にしたい」という価値の具体的な表現なわけはありません。価値とは自尊感情でもないというのは,こういうことです。

　「家族を大切にしたい」という価値を,行動に表すと何ができるでしょう。今していることが,家族を大切にしたいという価値にかなっているかどうかを判断することは,自分でできますね。「家族を大切にしたい」という価値は,その価値を大切に掲げている限りさまざまな行動を生み出すのです。価値とは,どこに向いて進めばよいかという方向を示すものというのは,こういうことなのです。

　ついでに言うと,価値は年齢に無関係です。そして,そのときの状態に無関係です。健康であろうが病気や障がいを得ていようが,価値にかなった生き方はできます。余命が長かろうが短かろうが,価値にかなった暮らしはできます。そのことを納得させてくれる事例を紹介しましょう。

・りんさんのケース

　りんさんは，認知症を患って施設に入所していました。

　彼女は夕方になると，水道水を流しっぱなしにして，隠し持っていた昼食の食べ残しを流し台に置くという行動を繰り返していました。その行動がみられると，特定の男性職員が関わると落ち着

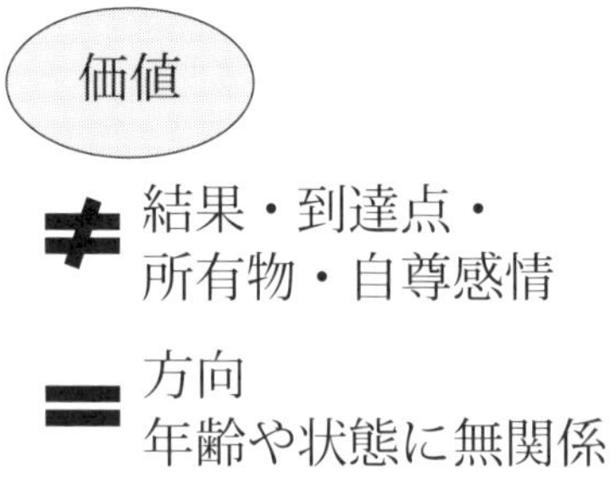

$$価値$$

$$\neq\quad 結果・到達点・\\所有物・自尊感情$$

$$=\quad 方向\\年齢や状態に無関係$$

図9　大切にしたい価値が示すもの

きますが，それ以外の職員が関わると抵抗していました。

　若いころから認知症を患うまでの彼女の生活歴を家族から聞いてみたところ，りんさんは長年専業主婦として家庭を守り，夫との温かい関係のなかで家事を行うのを生きがいに感じながら暮らしてきた人だったことがわかりました。冒頭の行動が起こりやすい状況に彼女の生活歴を重ねると，りんさんの示した行動には「私も何か役割を持ちたい」という価値がみえてきます。

　そこで，施設の職員はりんさんに担っていただける役割について考え，夕飯の時間がくると他の利用者の湯呑にお茶を入れることを，りんさんに毎日お願いしてみました。それ以来，りんさんは毎夕職員からの依頼に応じて，利用者の前に並べられた湯呑にお茶を入れてくれるようになりました。その都度，利用者や職員から感謝の言葉をもらい，それまでみられた行動は消失しました。

・しおんさんのケース

　しおんさんは，脳梗塞のため病院に入院しました。脳梗塞の後遺症により，体を動かせず，言葉をしゃべることもできなくなりました。そのため，身の回りのことは，職員に頼らざるを得なくなったのです。

　入院して間もなく，しおんさんは食事をまったく摂ろうとしなくなりました。しおんさんは，自分で体を動かすことができないため，食事は職員による全介助で行っていました。食事を摂らず口を閉ざしたままでいるというしおんさんの行動は，膳に盛られた食べ物の中から栄養のあるものを中心に職員がしおんさんの口元に運ぶというきっかけで生じ，口を開こうとしないしおんさんに職員は食事介助をとりやめていました。

　しおんさんは，若いころから自営業を営んでおり，人生に訪れた数々の選択の場面で自ら主体的に決断するなど，自分で切り盛りしながら生活を送ってきた人でした。食事を拒否するという行動が生じていた状況に彼の生活歴を重ねると，しおんさんの示した行動には「自分で選択して決めたい」という価値がみえてきます。

　そこで，職員は膳に並べられた食べ物を一つひとつ紹介し，どれが食べたいかをしおんさんに尋ねてみました。すると，しおんさんの視線がわずかにおかずの１つに向けられたので，

「○○ですね。旬のものなので，おいしそうですね」と伝えながら口元に運ぶと，彼は口を開いてそのおかずを食べ，それ以来食事を拒否することはなくなりました。

　価値は，年齢やそのときの状態に無関係だというのは，こういうことです。
　１．生きづらさの章のおわりに，こんな話をしたのを覚えていますか？
　難病によって障がいを得た母。僕が出会った寝たきり状態のある人。末期がんで余命いくばくもないある人。その人たちから，豊かさが漂ってきたという話を。彼女ら彼らに共通していたのは，「自分の大切にしたい価値にそって暮らしていた」ということです。僕たちは，いくつであっても，どのような状態であったとしても，自分の大切にしたい価値にそった人生を送ることができるのです。

価値にそっているかぎり失敗はない

　価値の話をすると，僕は高校のころからの親友を思い出します。
　彼は，大学で工学を学んでいましたが，卒業と同時に学生時代からバイトをしていたアパレル会社に就職しました。その後，彼は店長まで上り詰めるのですが，以前からの夢であった古着屋を開業するためにその会社を退職しました。そして，それまで貯めた資金をもとに，海外に出向いて自分の目で買い付けた古着を取り扱う店を都会のある街に開店したのです。その後，店は順調に売り上げを伸ばし，店舗数を増やすまでに成長しました。
　そのうち，彼の店の周りには，二匹目のドジョウを狙おうと，似たような店が増え始めました。それに伴い，彼の店の売り上げは徐々に下がり，店舗数も減らさざるを得なくなったのです。ちなみに，彼が辞めたアパレル会社は，その後急成長を遂げ，今や誰もが知る大手企業となりました。彼があのまま会社を辞めなければ，もともと実力のあった彼はもっと責任のある立場に昇り，収入もきっと今より多かったでしょう。
　ここまでの話を聞いて，あなたはこう思いませんでしたか？　「なんてもったいない。辞めなけりゃよかったのに」と。誰もが知っている大手企業を辞めて独立したものの，今は鳴かず飛ばず。このような状態を，あなたは「失敗」と評価しないでしょうか。
　ところが，僕はこれまで，彼が会社を辞めたことを後悔したり，店の売り上げが伸びないことを愚痴ったりするのを，一度たりとも聞いたことがないのです。それどころか，「また持ち直すで」とあっけらかんとしています。彼にとっては，まったく失敗ではないんですね。
　彼はなぜ，そのような態度でいられると思いますか。それは，彼が「自らの力で商売をする」という価値を大切にしながら生きているからです。
　僕の親友が教えてくれたこと。それは，自分の大切にしたい価値にそって行動してみて，傍目には失敗に見えるようなことがあったとしても，それは本人には失敗とはならないということです。

　それだけでなく，価値はどんなときも自分を守ってくれる力になります。

　僕の親友が，どんな状態でも頑張ることができたのは，「自らの力で商売をする」という価値があったからです。

　あなたも，きっと生きているといろいろとつらい局面を迎えることが何度も訪れると思います。なかなか良い結果がでない。苦手な人と一緒に仕事をしていかなければならない。先行きが見通せない。困難な病にかかってしまった。そうしたとき，あなたの大切にしたい価値は，あなたを必ず守ってくれるでしょう。なぜなら，僕たちはどんな状態であっても，大切にしたい価値を掲げることができるからです。価値にそっている限り，僕たちは人生を肯定することができるのです。

価値に掲げるとつらくなること

　あなたには，これからご自分の心の中をじっくりと見つめて，「大切にしたい価値」を探し出していただきたいと思います。そのまえに，大切にしたい価値として掲げることで，かえって自分がつらくなってしまう。そんな「できればそれを価値としないでほしい」基準を３つ紹介したいと思います。

　もちろん，それをあなたが心から「大切にしたい価値」と思い定めて暮らしていきたいのでしたら，他人がとやかく言う筋合いはありません。でも，カウンセラーとしての僕の経験上，次の３つのいずれかに該当するような価値は，逆に自分を生きづらくする可能性が高いと思います。豊かな人生を志向したい同志からの忠告として，マインドフルに耳を貸してくださると嬉しいです。

・「他人から認められたい」のような価値

　１つ目は，「他人から認められたい」のように，他人からよく見られることを価値に据えることです。これだと，あなたが大切にしたい価値にかなうか否かは，他人の評価次第ということになってしまいます。もちろん，僕たちは大なり小なり「他人からよく見られたい」という欲求を持っています。でも，これが強くなりすぎると，やっぱりつらくなります。

　人には，人それぞれに持ち場があります。僕たちは，基本的に他人の持ち場をコントロールすることはできません。「相手からどう思われているだろう」とか，「悪く思われたらどうしよう」のように，他人からの評価が気になってしまうと，とことん疲れますね。その理由は，相手がこちらをどう思うかは，相手の持ち場の話だからです。相手からの評価を気にするというのは，自分ではどうにもできない相手の持ち場に踏み込み過ぎているわけです。つらくなって当たり前です。

　それでも，相手からよく見られたいという欲求を求め続けると，僕たちは相手に悪く思われないための方法を採用しようとします。それは，相手の気持ちを忖度して，徹底的に八方

美人に徹するというふるまい方です。もちろん，そこまでして相手からよく思われたい気持ちを満たしたいのなら，それも1つの生き方です。

　でも，そこまで自分をむなしくして，自分の人生が本当に豊かになるとは僕には思えないのです。他人がどう思おうが，あなたが大切にしたい価値に誠実に生きる。それだけで，あなたは自分をよしと思えるのではないでしょうか。他人から認められるかどうかは，僕たちの持ち場を超えた話なのでどうすることもできません。でも，自分を認めることは僕たちにはできるはずです。

・「こうあるべき」のような価値

　2つ目は，「こうあるべき」のように，自分を追い詰める表現を価値に据えることです。僕たちは，「こうあるべき」とか「こうすべき」，「ああしなければならない」のように思ってしまうと，強いプレッシャーを感じるようになります。それが自分をより成長に導いてくれることもあるでしょう。でも，僕たちは完璧な存在ではないので，そうあれないこともたくさんあります。そうすると，そうあれない自分のことを，「だから自分はダメなんだ」と否定的にとらえてしまうようになるのです。

　自分を否定的にとらえるのって，誰にとってもつらいことですよね。なので「こうあるべき」という価値は，そのうち「そうあれなかった自分を否定的にとらえてしまうのを避けたい」という動機に置き換わってしまうことになります。これって，行動の動機のうちの1つ，「嫌なことを避ける」ですね。

　本来，価値にかなった生き方は，「好きなことに向かう」という動機に基づく行動を後押ししてくれるものです。なのに，「こうあるべき」という価値を抱えてしまったせいで，いつしか「嫌なことを避ける」という動機に基づいた行動を後押しすることになる。1．生きづらさの章の中の《3》体験の回避編でお話しした「“嫌なことを避けるために”という動機に偏ると，幸福感や充実感が損なわれる」を思い出してください。

　価値にかなった暮らしは，豊かな人生を送るためのものです。なのにこれでは本末転倒ですね。大事なことは，「こうあるべき」ではなく，「こうありたい」です。

・「誰かを傷つける」ような価値

　3つ目は，その価値を掲げることで，誰かを意図して傷つけてしまう行動を後押しするような価値です。「誰かを傷つける」の誰かとは，他人だけでなく自分自身も含まれます。あなたの掲げた価値を行動に託そうとしたら，意図して誰かを傷つけてしまうような行動が起こりやすくなる。はっきり言いましょう。その価値は，ダメです。

　自分の欲求を満たすために，誰かを傷つけることを前提とする。ならば，その誰かの豊かさはどう考えればよいのでしょう。僕たちは，誰かを精神的・肉体的に傷つけてまで，誰かを搾取してまで，自分の大切にしたい価値にかなうふるまいをすることはできない。そうした価値が多数派になってしまった世の中は，弱肉強食のグロテスクな光景が広がっている。

そこに，豊かさはありません。誰かを意図的に傷つけるような価値は，結果的に自分も傷つけてしまうのです。

　ただし，ここでは「誰かに犠牲を強いる」ことと，「誰かの協力を求める」ことを，はっきりと分けて考えなければなりません。誰かに犠牲を強いるのはよくないですが，誰かの協力を求めるのはまったく問題ない。それどころか，それはむしろ人間の営みの自然です。

　大切にしたい価値にそった行動をするには，誰かの協力が必要なこともあります。そして，そうした協力の程度は，僕たちが何らかのハンディキャップを背負うことで増していきます。そのときは，人の助けを借りることに，なんの負い目も感じる必要はありません。僕は，本当にそう思っています。

　自己責任論を強く信奉する人がいます。それが良い悪いではありません。そうなる事情がその人にあったからこそ，自己責任論を大切に掲げているのでしょう。とはいえ，自己責任論の前提は，「健康で，社会的チャンスを獲得することができ，その状況下で十分な力が発揮できる条件に恵まれている」ことです。でも，誰もがそのような前提を備えているわけではありません。自己責任論を信奉するその人も，いつその前提が崩れる状態に陥るかわかりません。

　そもそも，支えを必要とする弱者とは誰か。それは，時間軸の異なる自分なのです。以前お話しした僕の母は，中年期の真っただ中で難病を患い，障がいを得ました。母からの尊い教えの1つは，「人は誰もが，明日難病を患ったり，障がいを得たりする存在である」ということです。難病者や障がい者を支えるという営みは，明日そうなるかもしれない自分を支えるということです。

　僕たちは，運よく長生きできても，誰もが認知症を患ったり，寝たきりになったりする可能性を十分に備えています。認知症の一番のリスクファクターは加齢ですし，寝たきりの原因で最も多いのは，年を取って転倒したことによる大腿骨頸部骨折だからです。認知症や寝たきりの高齢者は，いつか訪れる自分でもあるのです。病気や老衰などで死期が迫った人も，いつか必ずそうなる自分です。僕たちはみな，生き残る人ではなく，死にゆく人なのです。

　貧困も，かつてそうだったり，これからそうなったりする可能性が，誰の身の上にも開かれています。子どもとは，かつての自分たちです。僕たちも，子ども時代には親だけでなくたくさんの大人から守られ支えられながら大きくなりました。

　ハンディキャップを背負っても，人の助けを借りることになんの負い目も感じる必要はない理由は，弱者を支えるとは，かつての自分やいつかの自分を支える営みにほかならないからです。僕たちは，弱者に投影されたかつての自分やいつかの自分を支えることによって，自分自身を支えているのです。

　どのような状態でも，人は大切にされ，価値にかなったふるまいを志向できる。弱者を支える行為を通して自分を支える先にある世界の風景は，そこにこそあるのです。これも，豊かさの1つであることに間違いありません。

　価値に掲げるとつらくなる3つの基準についてお話ししました。もちろん，こうした価値

が頭に浮かぶこともあると思います。そのこと自体を良くないことだと否定する必要はありません。「ん？　良くないことだと否定する必要はない。これって，どこかで聞いたことがあるような……」そうです。マインドフルネスです。

　ここに挙げた３つの価値が頭に浮かんだら，それをマインドフルに眺めてあげてください。つまり，それを避けたり鵜呑みにしたりするのではなく，それを良い悪いで評価するのでもなく，ただ頭に浮かんだことに気づくのです。

　マインドフルに眺めたあとは，それを優しくそこに置いて，また心の中をふり返って本来の価値を探し出してみればよいのです。

心と静かに向き合って価値を見つける

　ここまでの話から，価値がなにかおわかりいただけましたか。では，そろそろあなたの大切にしたい価値に目を向けてみる時間を作ってみましょう。

　あなたが大切にしたい価値はなんですか？
　あなたが，人生についてこうありたいと願うことはなんですか？

　この問いに，これからしっかりと時間をとって考えてみてください。

　もしも大切にしたい価値が浮かんでこなければ，「自分」「家庭」「仕事」「地域」「人類」「地球」のいずれかで，「こうありたい」と思うことは何かを考えてみてください。どのような価値であれ，それをあなたが「大切にしたい」と思えたら，それでいいんです。決して大そうな価値を掲げる必要なんてありません。というか，その価値に自分が意味を感じることができれば，それが大きいだの小さいだの関係ありません。大切にしたい価値は，誰かの期待に応えようとして生み出すものでもありません。あくまでも，あなた自身の心から生み出される，あなた自身が心から「大切にしたい」と思える価値を見つけてみましょう。

　価値を見つけるという作業は，この本のなかで一番大切な局面になります。ですから，どうか本を置いて，余計なものは消して，ご自分の心と静かに向き合ってください。十分に時間をかけて価値を見つけていない間は，できればこの先の僕の話は聞かないでおいてください。ご自分の心と静かに向き合い，大切にしたい価値を見つけられたら，一緒に先へと進みましょう。

　見つかった価値は，大切に書き留めておいてください。

```

```

価値は人生の岐路で新たに生まれる

　自分の大切にしたい価値が，明確に見つからなかった人もいると思います。それはそれで構いません。なぜなら，大切にしたい価値とは，ある時点で見つかったら生涯同じ価値を抱くものであるといったことではないからです。大切にしたい価値は，おそらく僕たちが人生の最高峰である死を迎えるそのときまで，新たに生み出すことができるものです。

　では，大切にしたい価値を生み出すにはどうすればよいのでしょう。2つ言えることがあります。1つは，「価値を見つけようと躍起にならなくて大丈夫」だということです。価値は，見つけようとして見つかるものではなく，あなたの体験を通して自然と生まれてくるものです。

　体験を通してとお話ししました。そこが，大切にしたい価値を生み出すために自分でできることになると思いますので，少し詳しくお話しします。

　大切にしたい価値を生み出すために自分にできること。それは，僕たちの体験をただちに「良い悪い」で評価しないで暮らすということです。そうです。マインドフルネスを取り入れるのです。

　ただちに「良い悪い」で評価してしまうと，僕たちの体験は普段と変わらない一コマに矮小化されてしまいます。何よりも，僕たちが判断する「良い悪い」は，往々にして今の世の中を動かしているメジャーな価値観を反映していることが多々あります。たとえば，今の世の中だと市場原理がメジャーな価値観ですね。市場原理には，「手っ取り早く良い結果を出すことが幸せである」とか「収入を高めることが幸せである」という価値観が内包されています。

　なので，僕たちがうかつに「良い悪い」というものさしで自分の体験を測ろうとすると，無意識に時代を反映した価値観が評価の基準となってしまうのです。時代を反映した価値観は，今だと市場原理に基づく価値観でしたね。そうすると，「それって，自分にとって得なの？損なの？」「それって，儲かるの？」「それって，手っ取り早く結果が出るの？」のような基準で，体験の価値を測ってしまうことになります。

　でも，僕たちが体験することは，そうしたものさしによって測れるものばかりではありません。損得や効率といった目先の基準では測れないことはいっぱいある。なのに，そのものさしで測ってみて，「これは良い」と思えなければ，そうした体験は価値のないものとして一蹴されてしまう。そんなことをしている限り，本当の意味で自分が大切にしたい価値は生まれません。

　これまで仕事一筋に生きてきた人が，うつ病を患って「無理をせずに自分をいたわりながら暮らしていこう」とか，「家族との時間をもっと豊かなものにしよう」という生き方にシフトすることがあります。これは，「仕事で良い結果を出したい」という価値から，「自分を

大切にしたい」とか「家族との時間を大切にしたい」といった価値に，その人の大切にしたい価値が移り変わったことを表しています。

　そうした意味では，僕たちが大切にしたいと思える価値は，人生の岐路で見つかることがよくあります。学校に通えなくなってしまった。勤めていた会社を解雇された。大病を患った。大切な人を亡くした。生きていると，これまでできていたことができなくなる，これまでと違う世界に放り込まれるといったことが何度も訪れます。そうした局面で，自分を豊かにしてくれる価値を見つけることは，本当によくあることなのです。

　なので，何らかのつらい出来事を体験したら，「この体験によって，大切にしたい価値を新たに手に入れることができる」と思っても，あながち間違いではありません。そのためにも，ご自分の体験を，すぐに「良い悪い」で評価をせずに，まずはマインドフルに味わってみてほしいのです。

価値にそった行動を考えよう

　「自分に自信が持てないのです」という話を聞くことがしばしばあります。

　どうすれば，自分に自信が持てるようになるのでしょうか。という話も，実は大切にしたい価値にそって暮らしていくと，どうでもいいことになります。

　あなたの周りには，「この人輝いてるなぁ」と思う人はいますか？　その人たちが輝いて見えるのは，彼らが自分に自信を持っているからなのでしょうか。僕は，そうではないと思っています。きっと，自分が大切にしたい価値に誠実に生きているから，そう見えるのだと思うんです。ブレない生き方をしている人は，自分に自信があるからそうできるのではなく，自分が大切にしたい価値に誠実に生きているからそうあれるのです。

　自分が大切にしたい価値に誠実に生きるとは，どういうことでしょうか。それは，価値にそって行動するということです。

　あなたには，自分の大切にしたい価値を見つけていただきました。

　大切にしたい価値が見つかりさえすれば，あとはもう楽です。それを，行動を決めるコンパスにすればよいだけですから。価値とは，どこに向いて進めばよいかという方向を示すものだとお伝えしたのを覚えていますか。あなたが何をすればよいかは，あなたの大切にしたい価値が示してくれるのです。

　大切にしたい価値が見つかったら，その価値にそった行動を考えてください。何をすれば，その価値に向かうことができるでしょうか。難しいことを考える必要はありません。だって，あなたがその価値にそっていると思えたら，それで十分ですから。

　でも，行動を決めるにあたってなにか基準がほしいという

人に向けて，4つほど提案してみたいと思います。「家族を大切にしたい」という価値を例に，価値にそった行動を考えてみましょう。

・具体的か？

　「子どもを大事にする」だと，あまりに漠然としていますね。漠然としたことって，それをしてみようという気が起こらないのです。

　行動は，具体的に考えてみてください。たとえば，「仕事から帰ってお風呂に入るまでの間，一緒に遊ぶ」のように。

・実行できそうか？

　「妻は宝石が好きなので，100カラットのダイヤの指輪を買ってあげる」。そんな買い物，僕はムリです。考えてみたものの，実行できそうなことでなければ，「やってみよう！」とは思えません。

　行動は，やろうと思えばできそうなものを選んでください。たとえば，「今週末は，妻が好きなレストランに連れていこう」のように。

・さっそく今日できるか？

　「来年，家族でディズニーリゾートにでも行こう」。それを家族みんなが喜んでくれると，確かに「家族を大切にしたい」という価値にかなっています。でも，そんな遠い話でなくても，家族を大切にしたいという価値にそうことはできますよね。そして，ずいぶん先のことにしてしまうと，実際にそれをするかどうかは怪しくなってしまいます。

　行動は，しようと思ったら今日にでもできるものを考えてください。たとえば，「帰りにケーキでも買って帰ろう」のように。

・価値の方向に向かわせるか？

　何よりも，この基準がもっとも大切です。何かをしても，それが価値の方向に向いていなければ，価値にそった行動とはいえません。価値にそっている限り，失敗はない。やってみて違うと思ったら，別のことをしてみればよいだけです。

　価値にそった行動を決める基準がおわかりいただけましたか。
　ちょっと試しに考えてみましょう。

気づきのワーク：価値にそった行動

　「自分をいたわってあげたい」という価値にそった行動を，5つ挙げてみてください。考えた行動を，書

き込んでみましょう。

僕も考えてみました。

> ・好きな映画を観る。
> ・聴きたい音楽を聴きながら洗濯を干す。
> ・読みたい本を楽しむ。
> ・お風呂にゆっくりとつかる。
> ・仕事を早めに切り上げて，のんびりと景色を楽しみながら歩いて帰る。
> ・おうちに帰ったら冷たいビールを飲む。
> ・夜お布団に入ったら，体をさすって「お疲れさま」と声をかける。

など，いろんな行動が思い浮かぶと思います。

価値にそった行動を存分に味わう

　価値にそった行動とは何かがおわかりいただけたと思います。あとは，日々あなたの大切にしたい価値にそって行動してみることです。

　そういえば，１．生きづらさの章の《2》体験の回避編で，こんな話をしましたね。

　これまで，体験の回避を続けてきたために，生きづらくなっていた。ここには，体験の回避とはいえ，「なにかを続ける力」が自分にはあるということがうかがえます。だとしたら，体験の回避を続けてきた力を，それとは違う方向に向けてみればいいんです。

　その違う方向こそ，あなたが大切にしたい“価値”なのです。これまで続けてきた力を，「自分を生きづらくする行動」から「自分の大切にしたい価値にそった行動」にシフトしてみませんか。

　価値にそった行動を行うときに，大切にしてほしいことがあります。たとえば，次のような場合，その人は価

値にそった行動をしているとはいえ，その行動による満足感や充実感を実感しているといえるでしょうか。

「家族を思いやる」という価値を持っていた人が，久しぶりに遠くにいる母親の近況を尋ねようと電話をしてみました。母親がしゃべっているとき，こちらはほかの用事をしたり，違うことを考えたりしていました。電話を終えて，ふと思いました。「あれ，さっきまで母さんは何の話をしていたっけ？」と。

「自分の時間を豊かにする」という価値を持っていた人が，空いている時間に読書をすることにしました。本を読んでいる最中，仕事のことが気になりあれこれと思いを巡らせながらページをめくっています。しばらく読み進めたところで，話の筋が全然追えていないせいで，読書をやめてしまいました。

「好きな俳優に想いを馳せたい」という価値を持っていた人が，その俳優が出演している映画を観ているときのことです。途中でスマホを取り出し，ネットサーフィンしながら映画を観はじめました。映画を観終えたときにこう思います。「あんまり印象に残らなかったなぁ……」と。

いずれのケースも，せっかく価値にそった行動をしているのに，心ここにあらずで過ごしていますね。つまり，マインドレスに行動しているのです。これでは，価値にかなっているとはいえ，その行動による満足感や充実感は生まれません。いえ，そもそも心ここにあらずでその行動を存分に味わえていないという点で，価値にかなっているとはいえません。

この本の最初に，あなたにこんなことをしていただきました。

「1分間，ただひたすら自分の呼吸に注意を向ける」

このワークから気づいたことは何だったでしょう。それは，僕たちは普段から「意識して"今"を味わっていない」ということです。そして，その"今"は二度と訪れません。そのうえで，僕はあなたにこう尋ねました。

「どのような"今"を味わいたいですか？」

ここまでの話から，僕があなたに伝えたい「価値にそった行動を行うときに，大切にしてほしいこと」がなにか，おわかりいただけたのではないでしょうか。

価値にそった行動を，今，その時間を通して存分に味わってほしいのです。つまり，価値にそった行動をマインドフルに味わうのです。マインドフルとは，「今・ここ」での体験をありのまま味わうことでした。せっかく身につけた「今を存分に味わう力」を，価値にそっ

た行動に使わない手はありません。

　もちろん，価値にそって何かをしているときに，気持ちが逸れてしまうことは誰にでも起こります。それが良いとか悪いということではありません（マインドフルネスは，自分の体験を「良い悪い」のように評価することではなかったことを思い出してください）。価値にそって何かをしている最中に，あなたの気持ちがほかのことに逸れているのに気づいたら，またゆっくりと自分の意識を今していることに戻してあげればよいのです。

　大切にしたい価値は，僕たちの人生を豊かにしてくれます。そして，その価値をどのような態度で味わうかということが，豊かさを左右します。あなた自身が大切にしたい価値を表せる機会は，「今・ここ」です。その機会を，存分に味わってほしいのです。

メンタルストレッチ：価値にそった行動を味わう

　自分の大切にしたい価値を見つけましたか。それでは，その価値にそった行動をいくつか考えてみてください。できれば明日までにできることがよいでしょう。行動を考えだしたら，それを実行して存分に味わってみましょう。

豊かな人生とは

　豊かな人生を送るにはどうすればよいか。あなたはもうおわかりいただけたと思います。心の柔軟性を育むことは，豊かな人生を送るための環境を整える営みです。ありたいようにあれる。ふるまいたいようにふるまうことができる。心の柔軟性によって，そうした土壌を作り出したら，なにをすれば豊かな人生を送ることができるか。

　それは，自分の大切にしたい価値をコンパスとして，日々価値にそって行動してみること。そして，「今・ここ」でしているその行動を存分に味わうこと。そうした暮らしが，人生を豊かにするのです。

　もしも，あなたがこれまで絶望を強く抱いていたり，生きづらさに散々苦しめられたりしてきて，心が「そんなことをしても無駄だ」とつぶやいたとしたら。それも避けたり鵜呑みにしたりせず，そう思っただけだということにマインドフルに気づいてあげてください。

　もしも，自分の大切にしたい価値にそった行動をする勇気がわかず，ついこれまでの殻に閉じこもりそうになったとしたら。それを否定も肯定もせず，そうなってしまいそうになったご自分にマインドフルに気づいてあげてください。

　あなたの心は，これまでそうしてなんとかやってきたのです。そうした心を抱えながら，あなたは今日まで本当によくやってきたのです。これまでのご自分のそうした営みを，そうしたご自分のことを，否定する必要はありません。かといって，「どうせ自分はそういう人間だ」と卑屈になる必要もないのです。

　そうした苦悩や生きづらさを抱えて今日までやってきたご自分の心の働きを，ありのまま

受け止めてあげましょう。「今日まで，よくやってきたね」と。そのためにも，否定も肯定もせず，ご自分の想いにマインドフルな気づきを向けていただきたいのです。

　そして，大切にしたい価値にそって，あなたのペースであゆみを進めてください。その行動をしようかどうか迷ったり，その行動をしていてつらくなったりしたら，自分にこう尋ねてください。「その行動は，自分の大切にしたい価値にかなっているの？」と。価値にそった行動に伴いもたらされる満足感や充実感は，あなたを再び価値にそった行動へといざなってくれることでしょう。

　とはいえ，価値にそえないときもあるでしょう。マイナス思考にからめとられてしまうこともあると思います。そうした苦しみから逃れようと，これまでどおりあっぷあっぷすることもあると思います。それでもいいと，僕は思うんです。

　大切なことは，これまで苦悩を深めたり生きづらさを強めたりする営みに偏っていたとしたら，自分の生き方にバランスを取り戻してあげることです。苦悩や生きづらさをもたらす営みにふけることもあれば，苦悩や生きづらさと距離を置いて価値にかなった暮らしを送ることもある。そうやって，生き方にバランスを取り戻してあげることこそ，柔軟さやしなやかさだと，僕は思います。

　ちなみに，僕の大切にしたい価値の1つは，「生きづらさを抱えた人が，生きやすくなるような世の中になる」です。だから，僕はあなたにしっかりと届くように全力を込めて，ここまで言葉をつむいできました。舌足らずなところも多々あったと思います。にもかかわらず，ここまで一緒にあゆんでくださり，ありがとうございました。

　大切にしたい価値は，人それぞれ異なります。それだけに，豊かな人生というのは人の数ほどあるのでしょう。一度きりの人生。一緒に人生の豊かさをつむいでいきましょうね。

潜在的価値抽出法編
──マイナス思考の奥に秘められた価値を見出す──

価値がうまく見つからないあなたへ

　この本を通したあなたとの対話はこれにておしまい。あたかもそう思わせるような話しっぷりのあとに恐縮ですが，僕の話はもう少し続きますのでお付き合いください。

　マイナス思考とのつきあい方には，認知療法やマインドフルネスがありました。でも，マイナス思考のなかには，どちらの方法でもうまくつきあえないものがあるかもしれません。そのような場合，どうすればよいのでしょうか。

　もしそんなことがあっても，あきらめる必要はありません。実は，この2つ以外にも，マイナス思考に向き合う方法があります。その方法は，認知の内容を変えるのでも，認知の働きを変えるのでもありません。まったく別の新しい方法です。

　その新しい方法が，見出しにある「潜在的価値抽出法」です。ちなみに，認知行動療法にこのような技法名はありません。僕が思いつきでつけた名前ですので，「認知行動療法には，『潜在的価値抽出法』というのがあってな」と，誰かに知ったかぶりに言わないでくださいね（笑）。

　僕が思いついた新たな方法を，最後にあなたにお話しするのには，ワケがあります。それは，この方法を使うためには，ついさきほどお話しした"価値"とはなにかをあなたに理解していただく必要があったからです。

　僕が思いついたその方法は，マイナス思考を何らかの方法で解消するという営みではありません。マイナス思考の内容を変えることでもなければ，マイナス思考とのかかわり方を変えることでもない。「変える」という視点を超え，マイナス思考を通して自らの人生を豊かにするという見晴らしのよさをもたらしてくれるものです。

　これからその方法についてお話ししますので，じっくりと聴いてくださいね。

マイナス思考とは本当に"ただの言葉の産物"なのか

　2．心の柔軟性の章の《7》マインドフルネス編では，マイナス思考それ自体は痛くもかゆくもないという話をしました。そういえるのは，マイナス思考をはじめ「考え」とは頭の中に浮かんだ言葉の産物に過ぎないからでしたね。言葉の産物に過ぎないその考えたちは，目の前にある時計や鉛筆と同じなのです。産物である時計や鉛筆を眺めても，つらくなったり苦しくなったりしない。考えもそれと一緒で，言葉の産物に過ぎないため，僕たちに害はないんです。

　そうした話でした。
　でも，あなたはこんなふうに思いはしなかったでしょうか。
　「マイナス思考が，本当にその辺にあるものと同じなのか？」と。
　実は，僕も同じように思ったことがあったのです。
　それは，僕の妻ががん検診に引っかかったときのことです。精密検査をしなければならないと聞かされた僕は，とてもおろおろしてしまいました。頭の中では，「がんだったらどうしよう」とか「かなり進行していて，もう手遅れだとしたら」のような考えが次々と浮かんできたのです。まだ実際のところがんかどうかわからないのに，仮にがんだとしても手遅れかどうかわからないのに，僕の中では妻は手遅れのがんみたいな発想になってしまっていたわけです。認知的紐づけにしっかり陥っていたのです。
　そのとき，僕は横になっていたのですが，天井にある火災報知器をぼんやり見つめていました。そして，「そうだ，こんなときこそ考えをありのまま眺めよう。この考えも，しょせん言葉の産物。産物という意味では，今見ている火災報知器と変わんないんだから」と思おうとしたのです。
　でも，そのとき僕の頭の中に激しい反発が起こりました。「妻のことを『がんかもしれない』と心配するのと，この火災報知器が同じわけはない」と。そして，そもそもなぜ「がんだったら」とか「もう手遅れかも」と考えてしまったのか，自分の心の動きをじっくりと眺めてみました。
　そして，思ったのです。「こんなに感情が揺れるということは，それほど"自分が大切にしたいこと"に触れたということなのではないか」と。
　では，このときのマイナス思考の奥に潜んでいる，僕の大切にしたいこととはいったい何だろう。僕は，心を静かにして考えてみました。すると，「妻を大切にしたい」という想いにたどり着いたのです。これは，僕が大切にしたい価値の1つだとわかりました。
　そこから僕は，「妻を大切にしたい」という価値にそった行動を，折に触れてしていこうと思いました。そうすると，頭の中でさんざん僕を引っ掻き回したマイナス思考は，気づい

たらかなり小さくしぼんでいたのです。それはまるで，「わたしの本当の気持ちに気づいてくれてありがとう」とマイナス思考が言っているようでした。そして，その価値にそった行動を行うことで，僕は自然と「これでよい」と思え，むやみにおろおろすることもなくなったのです。

マイナス思考の奥には大切にしたい価値が秘められている

　この体験から，僕は気づきました。
　マイナス思考の奥には，その人の大切にしたい価値が秘められている。その価値を見つけ出しさえすれば，マイナス思考を変えようとしたり，マイナス思考と距離を取ろうとしたりして対応しなくても，マイナス思考とうまく折り合える。むしろ，マイナス思考の奥には大切にしたい価値が秘められているという発想は，マイナス思考それ自体を否定するものではないし，それと距離を取ろうとする必要もないので，自分に無理を強いることがない。
　そのことに気づいてから，僕は普段の臨床にこの発想を取り入れてカウンセリングを進めてみることにしたのです。そうしたら，何人かの相談者は，マイナス思考を通して自分の大切にしたい価値に気づき，それをコンパスとして暮らすという新たな選択を手に入れることができました。今後，この方法についてはより研究を進めて，多くの人に役立ててもらいたいと考えています。
　いずれにせよ，あなたがもし，頭に浮かんだマイナス思考などの不快な内的体験に引きずられたのなら，それはきっとあなたが大切にしたい価値が，その中に秘められているからこそ，そうなった。僕はそう思います。
　激しく落ち込んだ。とても腹が立った。狂おしいほど嫉妬した。心臓が飛び出るほどドキドキした。そんなふうに，感情が激しく揺れるというのは，それほどあなたが大切にしていたことに触れたということです。そう考えると，そうした「一見（いや何度見ても）苦しそうに見える体験」は，自分の大切にしたい価値に気づかせてくれる，貴重な体験となりますね。
　僕からの話の最後に，マイナス思考に秘められた価値を見つける力を，一緒に身に着けていきましょう。

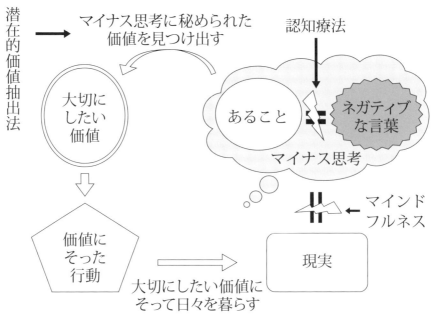

図10　潜在的価値抽出法の特長

潜在的価値抽出法とは

　これから僕がお伝えしようとしていることは，認知療法のようにマイナス思考の内容を変えようとするものではありません。マインドフルネスのようにマイナス思考の働きを変えようとするものでもありません。そもそも，マイナス思考の何かを変えるという立場を取りません。変えるという営みは，大なり小なり僕たちに無理を強いることになるかもしれません。

　僕がお伝えしたいことは，マイナス思考を「大切にしたい価値が潜んでいるもの」として大事に扱い，自分の人生を豊かにする道を歩もうとする営みです。マイナス思考に潜む"大切にしたい価値"を見つけ出し，その価値にそった行動を日々重ねることによって，豊かな人生に向かっていくのです。マイナス思考に潜んでいる価値を見つけ出すことが"肝"になりますから，僕はこの方法を「潜在的価値抽出法」と名づけました（図10）。

　図を見ていただくとわかりますが，この方法は何かを断ち切ることを意図しているわけではありません。マイナス思考を，自分の大切にしたい価値が潜在するものとして大切に扱うところに大きな特長があります。

　潜在的価値抽出法をうまく使うための前提条件は，2つだけです。

　1つは，マイナス思考に気づくことができるということ。マイナス思考の奥に潜んでいる価値を見つけるわけですから，マイナス思考に気づくことが必要ですね。まぁ，これはあま

り心配しなくてもよいと思います。ここまで一緒に歩んできたあなたは，もうすでにマイナス思考にうまく気づけるでしょう。

　もう1つは，大切にしたい価値とはなにかを理解しているということ。マイナス思考の奥に大切にしたい価値が秘められているわけですが，そもそも価値とは何かを理解していなければ，それを見つけるにいたりません。これも，ここまで一緒に歩んできてくださったあなたは，大切にしたい価値とは何だったかを十分に理解していると思います。

　これで，2つの前提条件をクリアしているのを確認しました。では，マイナス思考の奥に潜んでいる価値を，これから一緒に見つけてみましょう。

マイナス思考の奥に潜む価値の見つけ方

　これから，マイナス思考の奥に潜んでいる"大切にしたい価値"の見つけ方について，一緒に考えてみましょう。もちろん，僕がしたみたいに，マイナス思考の奥に潜んでいる，自分が大切にしたいこととはいったい何だろうと，静かに考えてみてもよいと思います。

　それだとうまく見つけられないと思う人は，マイナス思考に気づいたら，次の問いを投げかけてみてください。

"そう思うのは，どうありたいからか？"

　この問いのポイントは，「どうありたいからか」と尋ねるところです。"ありたい"という言葉は，あなたが自分の人生に望む"方向"を引き出す手がかりとなります。そうして，自分の心に浮かんでくる答えに，静かに耳を傾けてみるのです。

　そうすると，あなたが大切にしたい価値が見つかります。とはいえ，この問いに対する答えが，あなたが"大切にしたい価値"にまで十分に届いていないこともあります。なので，出した答えに再び"そう思うのは，どうありたいからか？"と問うてみてください。それを繰り返していると，もうこれ以上答えが出てこない，そんな答えにたどり着きます。それが，あなたが大切にしたい価値である可能性が高いと思います。

　もちろん，ここでも《8》価値にそった行動編でお伝えしたように，「価値に掲げるとつらくなること」の3つの基準のどれかに該当したら，それは本来の価値とはいえません。ですから，その場合はまた"そう思うのは，どうありたいからか？"の問いを投げかけてみてください。

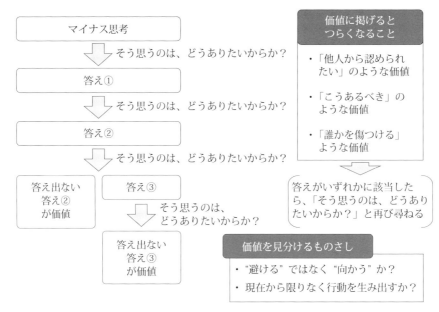

図11　潜在的価値抽出法の進め方

　それ以外に，問いから導き出した答えが，「大切にしたい価値」かどうかを，簡単に見分けるものさしがあります。あなたが導き出した答えに，次の2つのものさしを当ててみてください。どちらのものさしで測っても「はい」となれば，それはあなたの大切にしたい価値と思って間違いないでしょう。でも，「いいえ」となったらどうすればいいか。「いいえ」となったその答えに，再び"そう思うのはどうありたいからか？"という問いを投げかけるのです。そうやって答えを出して，どちらのものさしにも「はい」と答えることができれば，それがあなたの大切にしたい価値になります（図11）。

・"避ける"ではなく"向かう"か？

　大切にしたい価値は，それにかなった行動を生み出すもとになります。行動には，「嫌なことを避ける」と「好きなことに向かう」の2つの動機がありました。大切にしたい価値は，このうちの「好きなことに向かう」という動機に基づく行動を後押ししてくれます。

　なので，"そう思うのはどうありたいからか？"に対する答えが，「何かに向かうため」ということなら，大切にしたい価値の可能性が高いといえます。もちろん，その"何か"とはあなたが大切にしたいこと，こう生きたいという方向を示すこと，すなわち価値です。

　でも，もし導き出した答えが「何かを避けるため」だと，大切にしたい価値にはならないと思います。体験の回避によって，避けようとしたその不快なモノは，余計にあなたにまとわりついてしまう。またそれを避けようとしたら，さらにそれはあなたにまとわりつく。価値は，そんなふうにあなたを不自由な檻の中に押し込めるものでは決してありません。

さくらさんのケース

　たとえば，さくらさんは友人のいろはさんがそっけない態度をとるのを気にしていました。そして，「私がなにかしたから怒ってるんだろうか」と考えて，不安になってしまいました。さて，この「私がなにかしたから怒ってるんだろうか」というマイナス思考に対して，"そう思うのはどうありたいからか？"の問いを投げかけてみました。すると，「いろはさんから嫌われたくない」という答えが見つかりました。

　「いろはさんから嫌われたくない」だと，「いろはさんから嫌われるのを避ける」ということなので，「何かを避ける」となりますね。「"避ける"ではなく"向かう"か？」のものさしに対する答えは「いいえ」となりますので，これが大切にしたい価値とはいえません。

　そこで，「いろはさんから嫌われたくない」に"そう思うのはどうありたいからか？"を投げかけてみます。そして，「友情を大切にしたい」という答えが出たとします。これは，「友情を大切にすることに向かう」ということなので，"向かう"という視点になりますね。

　したがって，「友情を大切にしたい」というのが，さくらさんの「私がなにかしたから怒ってるんだろうか」というマイナス思考に秘められていた価値の候補として挙がるわけです。

・現在から限りなく行動を生み出すか？

　大切にしたい価値とは，「こうありたい」という方向を示すものでした。自分がどこに向かって進めばよいかを示すコンパスのようなものですので，その価値にそった行動を，たった今から，いくらでも生み出してくれます。

　大切にしたい価値は，将来何らかの行動を生み出すのではなく，現在——つまりたった今——からできる行動を生み出します。大切にしたい価値は，あなたが今この瞬間を生きる力を高めてくれるものです。価値にそった行動を"今"行うことで，人生の豊かさは深まるのです。

　また，見つけた答えが限りなく行動を生み出さなければ，それは大切にしたい価値ではありません。つまり，1回きりの行動や数少ない行動で完結するような答えは，大切にしたい価値ではない。そもそも，価値とは結果や到達点を示すものではありませんでしたので，完結することはありえません。西に向けて進んでいて，どこにたどりついたら「西に到達した！」といえるでしょう。どこまで行っても，西という方向は延々と西の方に拡がっています。価値とは，方向を示すものであって，到達点や結果ではないとはこういうことです。だからこそ，価値は僕たちに限りなく行動をもたらしてくれるのです。

　たとえば，"そう思うのはどうありたいからか？"に対して「死にたい」と答えたとします。これって，行動に移したら，下手すると1回で終わってしまいます。それに，《8》価値にそった行動編で紹介した「価値に掲げるとつらくなること」の3つの基準の1つである，"「誰かを傷つける」ような価値"にも触れてしまいます。なので，「死にたい」は価値にはなりません。

　ちなみに，心から「死にたい」と願う人はいないだろうと，僕は考えています。もちろん，

「死にたいほど苦しい」という局面はあると思います。いや，「あると思います」なんて簡単に言えないほど，そうした局面にいるときの人の苦悩は，その人でなければ決してわからない深い苦しみを伴うでしょう。

　でも，その人は「死にたい」という気持ちが一番の願望ではなく，その奥には「死にたいほど苦しいこの状態をなくしたい」という気持ちが潜んでいると思うのです。そしてそれは，その人にとって「豊かな人生を送りたい」という強い願いの表れなのだろうと思うのです。

　とはいえ，「死にたい」という気持ちを抱えながら，豊かな人生を志向するのは，大変なときもあるでしょう。なので，もしあなたがそうした気持ちに普段から悩まされるようなことがあるようでしたら，どうか専門家を始めとしたまわりの助けを得てください。まえにもお話ししたように，人の助けを借りることに，なんの負い目も感じる必要はありません。

メンタルストレッチ：マイナス思考に潜んだ価値

　それでは，あなたのマイナス思考を用いて，潜在的価値抽出法を試してみましょう。最近，とても嫌な気分になった出来事を思い出してください。そのとき，どのようなことが頭に浮かんでいたかをふり返ってみましょう。マイナス思考を見つけたら，それに「そう思うのは，どうありたいからか？」の問いを投げかけてください。そして，図11の「潜在的価値抽出法の進め方」を参考に，マイナス思考に潜んでいる価値を見つけてみましょう。

価値にそった行動を広げよう

　"潜在的価値抽出法編"のおわりに，潜在的価値抽出法の実際を，3人の体験を通して紹介します。この3人の体験を通して，潜在的価値抽出法がどういうものか，どのように進めていくかが，具体的に理解できると思います。

・こうきさんの場合

　1人目は，こうきさんのケースです（図12）。彼は，がん検診を受けたところ，引っかかってしまいました。そして，要精査，つまりさらなる検査が必要という結果が返ってきたのです。その結果を見て，彼はこう考えました。「がんだったらどうしよう」と。

　この考えに，「そう思うのはどうありたいからか？」の問い（以下，問いと略します）を投げかけました。すると，「本当にがんかどうかを知りたい」という答えが見つかりました。これは，1

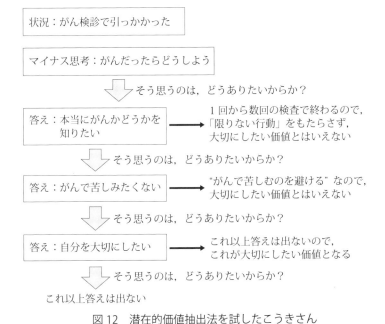

図12　潜在的価値抽出法を試したこうきさん

回から数回の検査で終わるので,「現在から限りなく行動を生み出すか？」のものさしに「いいえ」となります。なので, これは価値とはいえません。

　そこで, この答えに問いを再び投げかけてみました。すると,「がんで苦しみたくない」という答えが見つかりました。これは,「がんで苦しむのを避ける」ということですから,「"避ける"ではなく"向かう"か？」のものさしに「いいえ」となります。なので, これも価値とはいえません。

　そこで, この答えに問いをさらに投げかけてみました。すると,「自分を大切にしたい」という答えが見つかりました。この答えに問いを投げかけても, 答えはこれ以上見つかりません。この答えは, 2つのものさしに「はい」と答えられますし, 自分をつらくする3つの基準にも当てはまりませんでした。つまり,「がんだったらどうしよう」というこうきさんのマイナス思考の奥には,「自分を大切にしたい」という価値が潜んでいたわけです。

　ちなみに, この価値は, こうきさんの検査結果がどうであろうが, 大切な価値として掲げることはできますし, その価値にそって行動することもできます。僕たちは, 長く生きていると, 病気を得たり障がいを得たり, 人間関係が変わったり, 経済事情が変わったりと, 今と境遇が違ってくることは当たり前のように起こります。でも, どんなに境遇が変わっても, 大切にしたい価値は僕たちを見放しません。もちろん, 境遇によってはできなくなることも生じてくるでしょう。でも, どのような境遇にせよ, 自分の人生に対して「こうありたい」と願う方向まで変える力はないのです。

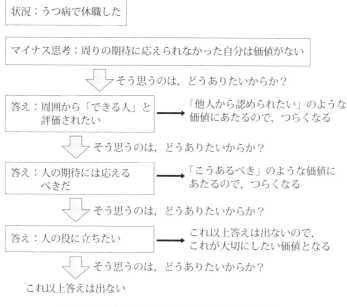

図13　潜在的価値抽出法を試したゆずかさん

・ゆずかさんの場合

　2人目は，ゆずかさんのケースです（図13）。彼女は，うつ病を患ってしまい，それまで勤めていた会社を休職することになりました。家で過ごす彼女は，ふとしたときに「周りの期待に応えられなかった自分は価値がない」と考え，ますます落ち込んでいました。

　この考えに，問いを投げかけました。すると，「周囲から『できる人』と評価されたい」という答えが見つかりました。これは，価値に掲げるとつらくなる3つの基準のうちの1つ「『他人から認められたい』のような価値」にあたります。なので，これを価値に掲げるとゆずかさんはますますつらくなってしまうでしょう。

　そこで，この答えに再度問いを投げかけてみました。すると，「人の期待には応えるべきだ」という答えが見つかりました。これも，価値に掲げるとつらくなる3つの基準のうちの1つ「『こうあるべき』のような価値」にあたります。なので，これもゆずかさんをもっとつらくしてしまうでしょう。

　そこで，この答えに問いをもう一度投げかけてみました。すると，「人の役に立ちたい」という答えが見つかりました。この答えに問いを投げかけても，答えはこれ以上見つかりませんでした。この答えは，2つのものさしに「はい」と答えられますし，自分をつらくする3つの基準にも当てはまりません。なので，「周りの期待に応えられなかった自分は価値がない」というゆずかさんのマイナス思考の奥には，「人の役に立ちたい」という価値が潜んでいたわけです。

　ちなみに，「人の役に立ちたい」というゆずかさんの価値は，ときには職場や地域でがん

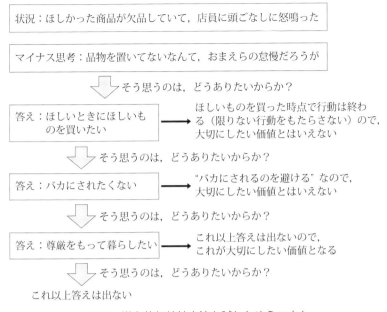

図14　潜在的価値抽出法を試したゆうごさん

ばりすぎてしまうというあり方を強めたでしょう。そうしたことも，もしかするとうつ病の発症に関係していたかもしれません。でも，彼女のがんばりによって助けられた同僚や仲間は，きっとたくさんいると思います。ゆずかさんの今後の課題の１つは，「人の役に立ちたい」という価値にそって暮らしていくために，「がんばりすぎる」から「上手にがんばる」にシフトするふるまい方を身につけることだといえます。

・ゆうごさんの場合

　３人目は，ゆうごさんのケースです（図14）。彼は，お店に行ってほしかった商品が欠品していたのに腹を立て，店員に頭ごなしに怒鳴ってしまいました。このとき，彼の頭に浮かんでいたマイナス思考は，「品物を置いていないなんて，おまえらの怠慢だろうが」というものでした。

　この考えに，問いを投げかけました。すると，「ほしいときにほしいものを買いたい」という答えが見つかりました。これは，ほしい商品を買った時点で，行動は完結してしまいます。「現在から限りなく行動を生み出すか？」のものさしに「いいえ」となりますので，これは価値とはいえません。

　そこで，この答えに問いを再び投げかけてみました。すると，「バカにされたくない」という答えが見つかりました。これは，「バカにされるのを避ける」ということですから，「"避ける"ではなく"向かう"か？」のものさしに「いいえ」となります。なので，これも価値とはいえません。

　そこで，この答えに問いをもう一度投げかけてみました。すると，「尊厳をもって暮らし

たい」という答えが見つかりました。この答えに問いを投げかけても，答えはこれ以上見つかりません。この答えは，２つのものさしに「はい」と答えられますし，自分をつらくする３つの基準にも当てはまりませんでした。したがって，「品物を置いていないなんて，おまえらの怠慢だろうが」というゆうごさんのマイナス思考の奥には，「尊厳をもって暮らしたい」という価値が潜んでいたわけです。

　ちなみに，"尊厳"とは，「自分のことを大切に思える感覚や，他人から大切にされているという感覚」のことです。だとすれば，今回のように他人を頭ごなしに怒鳴りつけるという行動は，ゆうごさんの価値にそった行動とはいえなくなります。だって，そんなことをして「他人から大切にされているという感覚」をもつことはあり得ないからです。尊厳をもって暮らそうと思えば，自分と他人を尊重した行動を重ねていくことが，もっとも理にかなっています。そのために，さっそく今からできることに，ゆうごさんは取りかかってみることにしました。すると，「最近，怒りっぽくなくなったね」と家族から言われるようになりました。それどころか，自分も他人も尊重するゆうごさんの営みにより，周りも彼を大切にするようになったのです。まさに，「尊厳をもって暮らしたい」という価値にかなった暮らしを送れるようになったわけです。

　いかがでしたか。潜在的価値抽出法を知れば，マイナス思考がマイナス一色でないと気づいていただけたと思います。

　とはいえ，マイナス思考に気づいたら，あわててその奥に潜む価値を見つけなくて構いません。マイナス思考にしっかりと振り回されたあと，その奥に秘められているあなたが大切にしたい価値に目を向けてあげてください。あわてなくても，あなたの大切にしたい価値は，きっとどっしりと構えてあなたを待ってくれていることでしょう。

おわりの章

　以上で，僕の話はおしまいです。長い道のりでしたね。

　あなたと一緒にここまでしてきたこと。まず，生きづらさがなぜ生じるかについて考えました。そのあと，心の柔軟性の育て方について，一緒にチャレンジしてみました。ここまでのところで，豊かな人生に向かうための土壌を作り出したのでしたね。豊かな人生を送るためのキーワードは，大切にしたい“価値”でした。自分の大切にしたい価値にかなった暮らしを送ることが，人生の豊かさをつむいでゆく。そのために，あなたには自分の大切にしたい価値を見つけていただきました。

　あとは，価値にそった行動を，日々重ねていくことです。あなたが大切にしたい価値は，どんなときでも，たとえ大きな試練に見舞われたり，反対に単調な日々に見える日常であったりしても，あなたが自分の人生に対して「こうありたい」と願う方向を指し示してくれています。

　もちろん，価値にそって行動することが，つねに順風満帆な人生をあなたに保証してくれるわけではありません。以前紹介した僕の親友がそうであったように，うまくいかないことも幾度もあるかもしれません。つらい病を得たり障がいを抱えたりすることは，誰にでも訪れます。余命が長くないことを知る。大切な人と死別したり生き別れたりする。貧困に陥る。そのほか，さまざまな苦痛を抱えることがあるのが，僕たちの人生でもあります。

　でも，間違いなくいえることは，そのときどきがどのような境遇だったとしても，大切にしたい価値にそって行動している限り，あなたの人生はあなた自身が本当に大切にしたい方向に向かって進んでいるのです。置かれた境遇によっては，できないこともたくさんあるでしょう。でも，どんな境遇であっても，僕たちの大切にしたい価値を変えることはできません。それどころか，大切にしたい価値は，その境遇すら，自らがありたい方向に向かわせてくれる素材として利用するような懐の深さを与えてくれます。

　豊かな人生とは，誰かが与えてくれるのではありません。あなた自身が自分でつむいでゆくものだということを，そしてその力があなた自身にあるということを，どうか“今”から存分に味わってください。このさきの人生が長かろうが短かろうが，関係ありません。「今ここ」をあなたがなにを大切に暮らしていくかです。

　とはいえ，あなたにはどうか健やかでいていただけますよう，この本のおわりにあたり強く念じています。でも，体や心の健康を崩してしまったり，なんらかのハンディキャップを背負うことになってしまったのでしたら，くどいようですが人の助けを借りることになんら

負い目を感じないでください。

　負い目を感じないでよい理由は，以前お話ししましたね。僕たちは，誰もがいずれ，病や障がいを得たり，死を迎えたりします。かつて幼いために自立して暮らすことができなかった時代があり，貧困に苦しんだり，孤立に陥ったりすることがあとにもさきにもあり得る存在です。それを弱さというのであれば，弱さは誰もが平等に備えている。

　支えを必要とする弱者は，遠い存在ではありません。かつての自分やいつかの自分です。弱者を支えるとは，かつての自分やいつかの自分を支える営みにほかならないのです。だからこそ，僕たちはハンディキャップを背負ったときには，負い目を感じず支えを求めればよいと思います。

　そして，そうだからこそ，「支えが必要な人がいれば，できる範囲でチカラを届けよう」という想いを，僕たち誰もが共有できる"価値"として抱え，それにかなった暮らしを送ることができれば，僕たち自身の豊かさを超えて，社会全体が豊かになるのでしょう。「支えが必要な人がいれば，できる範囲でチカラを届けよう」という価値にそうとなにができるかは，明白ですね。そして，それをあなたができる範囲で実行したときに，思い出してください。これは，自分助けであるということを。

　そのために，まずは自分の弱さを受け止め，ありのままの自分を慈しんであげることが大事になると思います。なぜなら，他人を大切に思う気持ちは，自分を大切に思う気持ちを土壌として育つからです。

　僕は，いつも"あること"をしてから眠りにつきます。あなたへの最後のメッセージとして，僕が行っている"あること"を，今夜お布団に入ったときにしていただいてもいいですか。

　今日一日の自分をふり返って，「よくがんばったね。一日お疲れさまでした」と心をこめてねぎらいの言葉を自分にかけながら，体の疲れを感じるところを優しくさすってあげます。

　自己否定的なことが浮かんだら，「にもかかわらず，よくがんばったね。一日お疲れさまでした」と心のこもったねぎらいの言葉とともに，体を優しくさすってあげてください。

　そして，こう祈って穏やかに眠りにつきましょう。

　「明日も，自分と周りを大切にできますように」

　最後になりましたが，この本の随所にお話にピッタリ沿ったイラストを描いてくれた，かつての教え子で，今や対人援助職として大切な同志である大塚美菜子さんに，心より感謝の気持ちを捧げたいと思います。大塚さん，イラストを通して豊かなメッセージを届けてくれて，本当にありがとう！

　そして，今回のお話を本にしてくださり，多くの人の目に触れる機会を作ってくださいました遠見書房の山内俊介社長に，日ごろの友情への感謝の気持らとともに，心よりお礼を申

し上げたいと思います。いい本ができたね。いつもありがとう！

　「いい本かどうかは読む人が決めるけど，とりあえずごくろうさま。いつかまた飲みに行こう」という山内さんの声が聞こえたような気がします。もちろん，行きますよ。だって，それは僕の大切にしたい価値にそった行動ですから。

　誰の人生にも，豊かさが広がりますように。

　最後までお付き合いいただきありがとうございました。

竹田伸也

引用文献

Beck AT, Rush AJ, Shaw BF, Emery G. Cognitive therapy of depression. Guilford Press; 1979.

Hayes SC, Smith S. Get Out of Your Mind & Into Your Life: The New Acceptance & Commitment Therapy. New Harbinger Publications; 2005.

Hayes SC, Strosahl KD, Wilson KG. Acceptance and commitment therapy: The process and practice of mindful change. 2nd. Guilford Press; 2012.

Kabat-Zinn J. Wherever you go, there you are: Mindfulness meditation in everyday life. Hyperion; 1994.

Skinner BF. The behavior of organisms: an experimental analysis. Appleton-Century; 1938.

執筆者略歴
竹田伸也（たけだ・しんや）

鳥取大学大学院医学系研究科臨床心理学専攻教授。博士(医学)，公認心理師，臨床心理士，認知行動療法スーパーバイザー。香川県丸亀市生まれ。鳥取大学大学院医学系研究科医学専攻博士課程修了。

鳥取生協病院臨床心理士，広島国際大学心理科学部講師，鳥取大学大学院医学系研究科講師，准教授を経て現職。日本老年精神医学会評議員，日本認知症予防学会代議員等を務める。
「生きづらさを抱えた人が，生まれてきてよかったと思える社会の実現」を臨床研究者としてもっとも大切にしたい価値に掲げ，研究や臨床，教育，執筆，講演等を行っている。
主な著書に，『認知行動療法による対人援助スキルアップ・マニュアル』(遠見書房，2010)，『マイナス思考と上手につきあう認知療法トレーニング・ブック─心の柔軟体操でつらい気持ちと折り合う力をつける』(遠見書房，2012)，『対人援助職に効くストレスマネジメント─ちょっとしたコツでココロを軽くする10のヒント』(中央法規，2014)，『心理学者に聞くみんなが笑顔になる認知症の話─正しい知識から予防・対応まで』(遠見書房，2016)，『対人援助の作法─誰かの力になりたいあなたに必要なコミュニケーションスキル』(中央法規，2018)，『クラスで使える！　アサーション授業プログラム─自分にも相手にもやさしくなれるコミュニケーション力を高めよう』(遠見書房，2018)など多数。

ひとり　まな
一人で学べる
にんちりょうほう　　　　　　　　　　　　　　　　　せんざいてきかちちゅうしゅつほう
認知療法・マインドフルネス・潜在的価値抽出法ワークブック
──生きづらさから豊かさをつむぎだす作法

2021 年 8 月 1 日　第 1 刷
2024 年 1 月 1 日　第 2 刷

著　　者　　竹田伸也
　　　　　　たけだしんや
発 行 人　　山内俊介
発 行 所　　遠見書房

tomi
shobo
遠見書房

〒 181-0001 東京都三鷹市井の頭 2-28-16
株式会社　遠見書房
TEL 0422-26-6711 FAX 050-3488-3894
tomi@tomishobo.com　http://tomishobo.com
遠見書房の書店　https://tomishobo.stores.jp

印刷・製本　モリモト印刷

ISBN978-4-86616-127-3　C0011